1 MONTH OF
FREE
READING

at

www.ForgottenBooks.com

By purchasing this book you are eligible for one month membership to ForgottenBooks.com, giving you unlimited access to our entire collection of over 1,000,000 titles via our web site and mobile apps.

To claim your free month visit:

www.forgottenbooks.com/free330748

ISBN 978-0-265-68790-1
PIBN 10330748

Kolleg und Honorar.

Ein Beitrag zur Verfassungsgeschichte

der

deutschen Universitäten.

Von

DR. E. HORN.

Academischer Verlag München,
1897.

Hofbuchdruckerei von Fr. Aug. Eupel in Sondershausen.

Inhaltsverzeichnis.

Einleitung.

Herbart sagt: Alles Wissen hat nur Wert, wenn es aufs Handeln bezogen wird. Ich mache eine Nutzanwendung und füge hinzu: Alle historisch-antiquarische Forschung hat nur Wert, wenn für die Gegenwart daraus Etwas zu lernen ist. In diesem Sinne habe ich die geschichtliche Entwickelung des Vorlesungswesens an den deutschen Universitäten untersucht und nach einer gewissen Seite hin dargestellt. Ich habe nicht Alles gesagt, was man über die Vorlesungen sagen kann, ich bin weder auf ihren wissenschaftlichen Gehalt noch auf ihre Methodik eingegangen; das ist eine Arbeit für sich, die mehr theoretischen als praktischen Reiz hat. Ich habe ein anderes Ziel im Auge gehabt.

Man ist heute in Preussen darauf aus, die Gehaltsverhältnisse der Universitätslehrer zu ordnen. Dabei bereiten die sogenannten Kollegienhonorare ob ihres schwankenden und unklaren Charakters Schwierigkeiten. Schwankend sind ihre Erträge, unklar ist ihre rechtliche Auffassung. Der erstgenannte Übelstand ist zu beseitigen mit den Honoraren selbst; wäre dies möglich, so möchte der andere auf sich beruhen bleiben. Aber man kann die Honorare nur beseitigen oder in eine andere Form von Studiengebühren verwandeln, wenn man sich klar geworden ist über ihren geschichtlich-rechtlichen Charakter.

Aber herrscht denn darüber Zweifel? Leider gar viel, weil man die Geschichte der Universitäten nicht kennt. Die Einen nennen das Vorlesungshonorar eine Gebühr, die Andern Dienstlohn. Jene betrachten es also unter öffentlich-rechtlichem, diese unter privatrechtlichem Gesichtspunkt. Aber hier helfen nicht juridische Sentiments, hier entscheidet allein die geschichtliche Entwickelung.

Die Honorare sind an die Vorlesungen geknüpft. Die Vorlesungen sind Amtsobliegenheit des Professors. Oder sind sie es nicht? Und in welchem Umfange waren sie es früher?

Man sieht, die geschichtliche Untersuchung breitet sich weiter aus, sie erstreckt sich auf den Lehrauftrag der Professoren, auf den amtlichen Charakter der Vorlesungen, speziell auf das Verhältnis der öffentlichen zu den privaten Vorlesungen.

In früherer Zeit war es leichter Universitäten zu reformieren. Die Universitäten führten ein individuelles Leben, ihre Bedürfnisse waren einzig, und die meisten Staaten hatten nur die eine Landesuniversität, deren Niedergang und Aufgang in Frage stand. Da war es nicht schwer die historische Kontinuität zu wahren und auf geschichtlichem Grunde weiterzubauen. Heidelberg, Tübingen, Ingolstadt bieten Beispiele wiederholter organischer Umgestaltungen. Heute hält das schwerer. Zwar haben wir keine Reichsuniversitäten in verwaltungsrechtlicher Hinsicht, aber doch ist der ideelle Zusammenhang aller deutschen Universitäten so eng und ihre Bedeutung für das Geistesleben der Nation so gleichförmig, dass auf keiner grundlegende Veränderungen durchführbar sind, die nicht gleichzeitig auf den übrigen inauguriert werden.

Um so wichtiger und notwendiger ist deshalb aber auch ein Verständnis des historischen Zusammenhangs der Dinge. Denn nur der Rückblick zeigt die Richtung, in der die Entwickelung fortschreitet.

Der Staat, der mit Reformen vorangehen müsste, ist natürlich Preussen. Preussen hat die meisten Universitäten, hat den historischen Beruf dazu und auch die historische — Pflicht; denn es hat in originaler organischer Gesetzgebung für die Universitäten noch am wenigsten geleistet. Es hat im vorigen Jahrhundert, als namentlich die süddeutschen Staaten und selbst Kurhessen ihr Universitätswesen reformierten, nichts Grundlegendes auf diesem Gebiete geschaffen, und seine erste grosse That — abgesehen von der Reformation der Universität Halle im Jahre 1804 — war die Stiftung der Universität Berlin im Jahre 1810. Dass etwas Grosses damit geleistet wurde, hat der Erfolg bewiesen; etwas Neues aber bezüglich der Lehrverfassung ist nicht geschehen. Man hat den Göttinger Zustand kopiert, die Zwiespältigkeit des Vorlesungswesens bestehen lassen und die sogenannten Privatkollegia als die Hauptkollegia angenommen, die sogenannten öffentlichen Vorlesungen aber — Niemand weiss, wozu — dabei auch noch beibehalten.

Es wird meiner unmassgeblichen Meinung nach Zeit, mit dieser Halbheit zu brechen. Denn es ist das System der „öffentlichen“ und der „privaten“ Vorlesungen unter diesen Namen eine Quelle des Irrtums geworden rücksichtlich der amtlichen Stellung der Universitätslehrer und der rechtlichen Natur ihrer Einkünfte, unter den Namen der unentgeltlichen und entgeltlichen Vorlesungen aber eine Quelle ökonomisch-sozialer Ungerechtigkeiten und Ungleichheiten innerhalb des corpus academicum. Das fällt selbst denen auf, die ausserhalb der Körperschaft stehen.

Die Bezeichnung: öffentliche und private Vorlesungen — vor anderthalb bis zwei Jahrhunderten überall völlig zutreffend und sinngemäss — ist in der Übergangsperiode des 18./19. Jahrhunderts leer, nichtssagend, sinnwidrig geworden, erweckt aber immer noch die falsche Vorstellung, als ob der Universitäts-Unterricht bis zu einem gewissen Grade (den aber Niemand recht bestimmen kann) ein freier Gewerbebetrieb wäre, eine Privatsache der Professoren. Das ist er als solcher in Deutschland prinzipiell nie gewesen. Gewiss haben die Professoren vom 16. bis 18. Jahrhundert viel Privatunterricht erteilt, aber nicht unter der Autorität der Universität (ausgenommen die magistri adscripti und praeceptores privati s. domestici der philosophischen Fakultät, bei denen übrigens der Ursprung des heutigen Privatdozententums zu suchen ist), sondern jeder auf eigene Faust; die Universität hatte offiziell gar nichts damit zu thun, so lange nicht Schaden angerichtet wurde, sie stellte ihre Auditorien dafür nicht zur Verfügung, nie und nirgends, nicht einmal in Göttingen — heisst das eben: bis zum vorigen Jahrhundert.

Die zu honorierenden Vorlesungen, die sogenannten privaten, mit den freien, öffentlichen und ursprünglich allein anerkannten zu verknüpfen, war nun aber, von Göttingen abgesehen, ein Notbehelf, zu dem die magern Staatsfinanzen zwangen. In Göttingen hätte schon die Entscheidung in anderm Sinne fallen können. Aber die Liberalität des Stifters, der eine vornehme Universität schaffen wollte, gestattete den gut salarierten Professoren auch noch die Erhebung von Kollegiengeldern. Die übrigen, ärmeren Universitäten konnten sie nicht entbehren und mussten die Halbheit in Kauf nehmen, die Halbheit nämlich, dass die staatliche, öffentliche Lehrthätigkeit der Professoren sowohl vom Staate als von den Studierenden bezahlt wurde. So wurden denn im vorigen Jahrhundert die Honorare Amtserträgnisse und notwendige Zubussen zum staatlichen, aber wenig stattlichen Gehalt. Heute jedoch, wo der Staat über reichere Mittel verfügt, wo er seine Beamten so stellen kann, dass sie sich ihrer amtlichen Thätigkeit ganz widmen und davon leben können und nicht gezwungen sind, noch privaten Erwerb zu suchen, heute, meine ich, hat es der

Staat vollständig in der Hand, das Notstands-System der „Privat"-Vorlesungen über Bord zu werfen und zu dem alten einheitlichen System der öffentlichen Vorlesungen zurückzukehren.

Diese Rückkehr würde zugleich der Fortschritt sein.

Denn das soll die nachfolgende geschichtliche Darstellung beweisen, dass die deutschen Universitäten bis zu Halle hin in der ausgesprochenen Absicht gegründet wurden, den Unterricht von besoldeten Professoren unentgeltlich für die Studierenden erteilen zu lassen, dass man weiter im vorigen Jahrhundert nach der eingetretenen Erweiterung des Umfanges und des Inhaltes der Fakultätswissenschaften teils aus Mangel an staatlichen Mitteln, teils aus Bequemlichkeit das System der entgeltlichen „Privat"-Vorlesungen adoptiert hat, und dass das 19. Jahrhundert, bestochen durch das glänzende Beispiel Göttingens und überredet durch die Perorationen der Göttinger Promachoi Michaelis, Pütter, Meiners nicht weiter darüber hinaus fortgeschritten ist.

Sind nun dieselben Ursachen, die im vorigen Jahrhundert zur staatlichen Anerkennung der „Privat"-Vorlesungen führten, heute noch wirksam und werden nicht Scheingründe dafür substituiert, so wird die Duplizität der Vorlesungen und das Honorarsystem mit seinen Unverbesserlichkeiten bleiben müssen; sind sie es nicht, so wird man wissen, wohin die Entwickelung tendiert und wo der Fortschritt zu suchen, und wird durch Irrtum zur Wahrheit reisen.

Ich halte mit meiner Ansicht hier geziemendermassen zurück und lasse im Folgenden die Geschichte reden. Eins aber will ich noch vorausbemerken. Auf ein uraltes Recht, das mit dem Wesen der deutschen Universitäten von Anfang an verbunden gewesen, können sich die Verfechter des heutigen Honorarwesens und der Pseudo-Privatkollegs nicht berufen. Die Privatkollegia entstanden, wie ich im zweiten Kapitel zeige, in der zweiten Hälfte des 16. Jahrhunderts, sie hangen mit dem mittelalterlichen Lohnsystem des Universitäts-Unterrichtes weder in historischer Zeitenfolge zusammen, noch haben sie innere Ähnlichkeit mit ihm. Sie sind vielmehr ganz autochthon in Deutschland aufgetreten und bedeuteten gar nicht die Universität, die allein durch den staatlichen, öffentlichen Unterricht (Lectiones und Exercitationes) repräsentiert wurde. Wie und warum das seit dem 18. Jahrhundert anders geworden ist, will ich darzustellen versuchen. Ausser manchen andern die Geschichte der Universitäten betreffenden interessanten Einzelheiten wird sich dabei, wie ich glaube, besonders auch das ergeben, dass seit dem vorigen Jahrhundert die Honorare öffentlich-rechtlichen Charakter angenommen haben, nachdem eben die fälschlicherweise noch so genannten Privatkollegia offiziell anerkannter öffentlicher Universitäts-Unterricht geworden waren.

Erwähnen will ich noch, dass ich zu vorliegender Untersuchung angeregt worden bin einerseits durch die Anzweifelung der Richtigkeit einer schon früher von mir gegebenen gelegentlichen Beleuchtung des Verhältnisses der privaten zu den öffentlichen Vorlesungen seitens des Herrn Kaufmann, andrerseits durch die Runzesche Schrift über die akademische Laufbahn und ihre ökonomische Regelung (Berlin 1895).

Kapitel 1.

Der politische und der wissenschaftliche Charakter der deutschen Universitäten, besonders seit dem 16. Jahrhundert.

Im Mittelalter lag die Volksbildung im weitesten Sinne bei der Kirche. Die Priester und Mönche waren die Magistri nostri. Den gewordenen Zustand sanktionierte das kanonische Recht und machte zum Grundgesetz des Katholizismus, dass alles Lehrwesen der Kirche unterstehe. Wie anders es in der Antike war, wie anders von Karl dem Grossen gedacht, bleibe hier unerörtert. Aber Karl der Grosse musste die Kirche benutzen, und die Zeitverhältnisse brachten es mit sich, dass sie das geistige Leben der Völker beherrschte. Denn Geistiges und Geistliches waren noch identisch.

Es sonderten sich die Nationalitäten, aber Staaten mit dem Begriffe der Souveränität auf allen grösseren Gebieten des gesellschaftlichen Lebens gab es noch nicht. Die gesellschaftliche Ordnung war ständisch und ihre öffentlichen Funktionen waren körperschaftliche. Demgemäss ordnete sich auch das Bildungswesen körperschaftlich, es entstanden die Schulen und Universitäten ohne äussern Zusammenhang, höchstens ideell verbunden durch das geistlich-geistige Band der Kirche, in deren Schatten sie wuchsen.

Die Volksbildung im engern Sinne ging auf im Rituale der katholischen Kirche, und eine höhere allgemeine Bildung gab es nicht. Die höhere Bildung war ständisch und, soweit sie gelehrt war, auf den Priesterstand zugeschnitten, nach Umfang und Inhalt durch diesen bestimmt. Es war der Kreis der sieben freien Künste.

Die Völker zu lehren galt als die Aufgabe der Kirche, und es gab keine andere Bildung in Europa als die römisch-kirchliche, keine staatliche, keine individuelle. Unter diesem Gesichtspunkte sind auch die mittelalterlichen Universitäten zu betrachten, im besondern noch die ältesten

1

deutschen. Die Autorität der Kirche herrschte: die Autorität des Lehrers
über die Schüler. Als höhere Bildung galt allgemein die Latinität und
die Philosophie auf Grundlage römisch-kirchlicher christlicher Anschauungen. Was etwa als Fachbildung in Jurisprudenz und Medizin auftritt,
steht doch nicht minder wie die Theologie unter der Aufsicht der Kirche.

Die mittelalterlichen Universitäten waren Zünfte, Gilden, Korporationen, die ihren Zweck wesentlich in sich selbst trugen. Das Lehrgeschäft war Sache der Lehrenden, keines Andern: die Magistri und
Doctores verhandelten die Wissenschaften, die geistigen Güter, wie etwa
die Kaufmannsgilden die materiellen Güter, und sie lebten davon. Und
um ihrer selbst willen wurde diese universitäre Bildung von den Scholaren
gesucht; nicht Rücksicht auf weltliche, ausserhalb der Sache liegende
Umstände bestimmte sie dazu. Erhebend ist es zu sehen, wie der Durst
nach Wissen Knaben, Jünglinge, Männer die Heimat verlassen und in
die Fremde gehen hiess, wie sie der Gefahren und Beschwernisse der
Reise nicht achteten, um an die Stätten Italiens und Galliens zu gelangen,
wo immer ein Licht der Wissenschaft entzündet in das Dunkel des geistigen
Lebens Europas hineinschien.

Viele kehrten heim, froh der erlangten Bildung. Andere blieben
bei der Universität und traten in die Berufsgenossenschaft der Lehrenden
ein, deren korporative Verfassung ihre erste rechtliche Anerkennung fand
in der berühmten Authentica Habita Kaiser Friedrichs von 1158.

Alle ständischen Körperschaften hatten ihre Privilegien, die sie konsti-
tuierten, die sie von einander unterschieden. Privilegien verleiht die höchste
Gewalt, im Mittelalter Kaiser und Papst, in der Neuzeit der „Staat." Darin bestand der öffentlich-rechtliche Charakter dieser Körperschaften, dass ihre
Sonderrechte Geltung hatten. Da nun das Lehren der Wissenschaften der
Zweck der ständischen Universitäten war, so wurde der öffentliche Unterricht ihr gewerbliches Monopol. Und so lange das Ständerecht galt,
wurde mindestens theoretisch daran festgehalten, dass Niemand das Jus
publice docendi et profitendi ausüben dürfe, der nicht zur Genossenschaft,
zur Universität gehöre.

Dieses Recht wurde im Magisterium oder Doktorat erworben. Gleich-
viel nun ob die damit Belehnten es praktisch ausübten oder nicht, so
nahmen sie doch teil an den übrigen Gerechtsamen der Korporation.
Bei der ständischen Gliederung der Gesellschaft war ihnen hier ihre Stelle
angewiesen, namentlich auch bezüglich des Gerichtstandes.

Die ständische Natur des Unterrichtswesens, die Selbständigkeit der Schulen und Universitäten bedingte die Selbstverwaltung dieser Korporationen nach ihrer formalen und materiellen Seite. Waren sie auch ideell, d. h. rücksichtlich des Inhaltes der Lehre vom kirchlichen Geiste abhängig, so ordneten sie doch das Lehrgeschäft, die Personen wie die Sache anlangend, selbständig, so verwalteten sie auch ihr gemeinsames Vermögen wie jeder Private, so erhoben sie endlich auch den pastus, die collecta, das Unterrichtshonorar von den Schülern.

Der europäische Charakter der mittelalterlichen Universitäten aber lag darin, dass sie freie, auf sich selbst beruhende Körperschaften waren, in denen sich überall zweierlei Gemeinden gleichberechtigt zusammenfanden: die universitas magistrorum mit Grad- und Fakultätsunterschieden und die universitas scholarium, in Nationen eingeteilt. Das war die äussere Konformität der Universitäten; die innere beruhte auf der Lehre, die nirgends nationales Gepräge trug, sondern im Gewande der lateinischen Kirche einherging und ihres Geistes Kind war.

Es gab weder eine freie Selbstbildung der Völker, noch ein staatliches Unterrichtswesen. Das wurde anders, als das Zeitalter der Entdeckungen das Mittelalter zu Grabe trug und Europa nicht mehr die Welt bedeutete und die Kirche nicht mehr die alleinige Inhaberin lehrhafter Wahrheiten. Das wurde anders, als die gesonderten Nationalitäten zur Staatenbildung fortschritten.

In der germanischen Welt hatte seit der fränkischen Periode unter einem Schatten von Kaisertum die Staatenbildung begonnen. Und wenn auch der Prozess Jahrhunderte dauerte und erst nach dem 30jährigen Kriege zum Abschluss kam, so trat doch schon im 14. Jahrhundert das Bestreben hervor, das Bildungswesen zur Sache der Volksgemeinschaft, des Staates zu machen. Alle deutschen Universitäten sind also gegründet worden und tragen demgemäss territorialen, nicht mehr europäisch-internationalen Charakter. Wurde dieser anfänglich, z. B. bei Prag, aus Unkenntnis der Aufgabe der Universitäten noch festzuhalten versucht, so scheiterte das an der Natur der Gründungsuniversität: die Böhmen vertrieben die Deutschen, und Leipzig ward das Ergebnis der Sezession.

Als Gründungen der Landesherren, wie sie nun im 15. und 16. Jahrhundert rasch aufeinander folgten, mussten allerdings die Universitäten auf die mittelalterliche korporative Verfassung in etwa Verzicht leisten. Sie waren Staatsanstalten geworden, und was ihnen an korporativer Selb-

1*

ständigkeit verliehen wurde, war doch nur eben ein Zugeständnis der den Umfang ihrer Befugnisse und Bedürfnisse selbst noch nicht recht kennenden Territorialgewalt. Und wenn weiter die mittelalterlichen Formen der Universitätsverfassung beibehalten wurden und auch der Inhalt des Lehrgeschäftes noch auf Jahrhunderte hinaus derselbe blieb, so lag das daran, dass der Kreis der lehrhaften Wissensgebiete noch nicht erweitert war und man nichts Besseres an die Stelle des Alten zu setzen hatte. Aber das Eine tritt doch schon im 15. Jahrhundert bei der Gründung von Ingolstadt (1472) und besonders Tübingen (1477) hervor, dass man mit der Errichtung der Universität einem staatlichen Bedürfnis genügen wollte.

Die Verstaatlichung der Universitäten, welche in Deutschland schon mit der Gründung begonnen und im 15. Jahrhundert grosse Fortschritte gemacht hatte, kam durch die Reformation zum Abschluss.*) Mit dem Landeskirchentum befestigte sich auch das Landesschulwesen und der Charakter der Landesuniversitäten. Dadurch bekam das alte Recht der Universitäten ein ganz anderes Gesicht. „Einst aus der unmittelbaren Selbständigkeit des Genossenschaftswesens entsprungen und nur der Kirche angehörig, erhalten sie jetzt ihr Recht als Ausfluss der staatlichen Regalität. Sie werden gegründet und empfangen die Bedingungen ihrer Funktion, statt sie wie einst sich selber zu erzeugen. Ihre Lehrer werden vom Landesherrn angestellt, geniessen ihr Gehalt und sind Staatsdiener, über welche der Landesherr zu verfügen das Recht hat. Ihre Disziplin steht unter seiner Oberaufsicht, ihre Jurisdiktion unter seinen Appellinstanzen. Die Universitas Magistrorum ist eine bestimmte Gruppe landesherrlich bestallter Beamteter, die Universitas Scholarium eine innerlich ungeordnete, der eigentlichen Selbstverwaltung entbehrende Masse, deren Rechte fast zu leeren Worten werden. Die Universitäten fangen an aus ständischen Körperschaften staatsbürgerliche Anstalten zu werden.“**)

Den mittelalterlichen Universitäten lag die Aufgabe fern für bestimmte andere Berufe ausser dem aus ihrem Zweck selbst hervorgehenden Lehrberufe vorzubereiten; denn es gab noch keine Staatsämter, die eine gewisse gelehrte Bildung erheischten. Die hohe Geistlichkeit, allein an Bildung hervorragend, bestellte auch den Rat des Kaisers. Erst als die Staaten sich mehr und mehr zu Verwaltungskörpern organisierten und das

---

*) Paulsen, Gesch. des gel. Unterr. S. 221.
**) Lor. v. Stein, Verwaltungslehre. Unterrichtswesen. 3. Teil S. 90.

Unterrichtswesen Obliegenheit des Staates geworden war, trat auch an die Universitäten die Aufgabe heran, eine bestimmte Berufsbildung zu gewähren und namentlich Geistliche und Richter auszubilden. Seitdem erblickte man in den Fakultäten Fachschulen und schrieb ihnen vor, was sie zu lehren hatten, d. h. man erkannte von den hergebrachten Wissensgebieten diese und jene als notwendig an und fügte später neue hinzu, setzte dafür bestimmte Lehrer ein mit fixen Gehältern und gab ihnen Lehraufträge mit einer festen Anzahl wöchentlicher Stunden, den sogenannten lectiones und exercitationes publicae. So noch bis Göttingen hin. Mit dieser Auffassung der Universitäten als ‑Staatsanstalten hängt dann die öffentliche und unentgeltliche Erteilung des Unterrichtes zusammen, wie er von Anfang an geplant war.

Ferner: waren früher die akademischen Grade eine rein interne, nur zum Lehren qualifizierende Angelegenheit der Universitäten, die den Graduierten auf Grund dieser ständischen Zugehörigkeit eine bestimmte Rangstellung auch zwischen der übrigen ständisch gegliederten bürgerlichen Gesellschaft anwies, so wurden sie später die Bedingungen und Voraussetzungen für die Bekleidung öffentlicher Aemter, so lange bis die Staatsexamina — im 18. Jahrhundert — an ihre Stelle traten.

Dies alles tritt im 14. und 15. Jahrhundert noch wenig hervor. Die Universitäten behalten einstweilen noch ihren scholastischen Charakter römisch-kirchlicher Latinität und Philosophie. Sie lehrten einen beschränkten Kreis von Disziplinen, beginnend mit dem elementaren Sprachunterricht in der Artistenfakultät. Anfangs neigte man sogar noch dazu, den Pastus für die Vorlesungen und Uebungen beizubehalten. Sowie sich die Staaten selbst erst aus der mittelalterlichen ständischen Verfassung der Gesellschaft herausschälen mussten, so auch die Universitäten. Ja, die Entwickelung der staatlichen Souveränität war erst die Vorbedingung zu einer freieren Entwickelung der Universitäten selbst, und so kam es, dass diese förmlich stagnierend hinter jener zurückblieb, bis das staatliche Prinzip am Ende des 17. Jahrhunderts zum Selbstbewusstsein gelangte. Dann erst beginnt auch (mit der Gründung von Halle) der Aufschwung der deutschen Universitäten.

Luther hatte zuerst öffentlich und laut die Ansicht vertreten, dass Einrichtung und Verwaltung der Schulen Aufgabe der Obrigkeit sei. Dies hatte zur Folge, dass der den höhern Fakultätsstudien zu Grunde liegende Vorbildungsunterricht von den Universitäten abgesondert wurde und den

Pädagogien und Gymnasien zufiel. Freilich blieb da zuvörderst für die philosophische Fakultät nicht viel zu lehren mehr übrig, und sie konkurrierte höchstens mit den Gymnasien bis an das Ende des 18. Jahrhunderts. Bis dahin war auch ihr Magistergrad dem Doktorgrad der oberen Fakultäten nicht ebenbürtig. Es mussten erst durch die freie wissenschaftliche Arbeit Vieler ausserhalb der Universität neue Wissensgebiete erschlossen werden, bevor die philosophische Fakultät ein Lehrgebiet erhielt, das heute an Umfang und Inhalt alle übrigen weit überragt und von dem die übrigen Fakultäten ihre wissenschaftliche Bedeutung erst recht empfangen.

Zunächst empfand nicht bloss die philosophische Fakultät jene vom Staatsgedanken diktierte und notwendige Trennung des Vorbildungswesens von der eigentlichen Fachbildung als ein Übel. Auch die obern Fakultäten litten darunter, indem sie den Zusammenhang mit der allgemeinen Bildung verloren und die Studenten anfingen, unter Vernachlässigung jener grundlegenden Studien, gleich in das Fachstudium der Berufsfakultäten einzuspringen. Die Deposition mit ihren eigentümlichen Riten war nicht geeignet, Immaturi abzuwehren.

Was im Mittelalter als allgemeine Bildung galt, war in den sieben freien Künsten beschlossen. Ihre enge Verbindung mit den Fachfakultäten machte sie zur Grundlage für das Fachstudium, beschränkte sie aber auch auf das Notwendigste. Dieser Beschränkung war man sich aber nicht bewusst. Indem man nun der mittelalterlichen Vorstellung weiterlebte, dass die Fachfakultäten die Summe alles Wissens repräsentierten und demnach für alle Berufszweige des staatlichen Lebens ausreichen müssten, blieb die Funktion der Gymnasien trotz ihrer Trennung von der Universität doch nur die Vorbildung für jene Fachstudien. Inzwischen aber wuchs der Baum der Erkenntnis ausserhalb der Universitäten: Amerika wurde entdeckt, die Erde empfing ihre Kugelgestalt, das Sonnensystem seine Gesetze, die Naturwissenschaft begann die wirklichen Dinge zu beobachten, Anatomie und Physik stellten die Gewissheit der Sinne dem Wunderglauben der Kirche entgegen, die Philosophie machte die vernünftige Einsicht zum Massstabe der Wahrheiten, sie lehrte an Allem zweifeln und den Kausalzusammenhang der Dinge suchen, kurzum die Unfehlbarkeit der hergebrachten Autoritäten fiel dahin, und es entstand eine europäische Bildung, von der die Fachfakultäten nur einen Teil enthielten und hinter der sie zurückblieben, nicht bloss sie, sondern auch ihre Vorbildungsanstalten, die doch eigentlich die Träger der höheren allgemeinen Bildung hätten sein sollen.

Die Folgen des unklaren Verhältnisses zwischen den Vorbildungsanstalten und den Fachlehranstalten der Universitäten waren, dass einerseits die Gymnasien als sogenannte akademische Gymnasien Disziplinen der Universitäten in ihren Bereich zogen und dass andrerseits die Fakultäten schlecht vorbereitete Schüler empfingen, so dass die philosophische Fakultät nach wie vor gezwungen war, für die elementare Vorbildung zu sorgen. Daher die Erscheinung der Privatpräceptores im 16. und 17. Jahrhundert und das Auftreten der zahlreichen Privatlehrer bei der philosophischen Fakultät. Erst die Einführung des Abiturienten-Examens im 18. Jahrhundert entlastete die Universitäten völlig von dem Vorbildungswesen, und erst das 19. Jahrhundert stellte die höheren Schulen hin als Bildungsanstalten allgemeineren Charakters, die die Grundlage jeder Art von Berufsbildung, nicht bloss der universitären abgeben sollen.

Die Universitäten des 16. und 17. Jahrhunderts sind gegen früher und gegen heute ohne Bedeutung, sie verzichten sogar auf die Bezeichnung und nennen sich Akademien, was auch die frequenteren Gymnasien thaten. Ihre besondere Eigentümlichkeit blieb noch die Erteilung der Grade, davon sie so reichlich Gebrauch machten, dass die Titel der Verachtung anheimfielen.

Lobenswert war die Absicht der Fürsten und Obrigkeiten, die seit dem 15. Jahrhundert Landesuniversitäten stifteten, damit der Kirche und dem Staate brauchbare Diener entstünden. Aber ihr Wollen überstieg ihr Vermögen in doppelter Hinsicht.

Erstens was den Inhalt der akademischen Bildung anbelangt, von der ja doch jene Brauchbarkeit abhing, so blieb man, ausgenommen die Theologie, wesentlich bei der Überlieferung des Mittelalters. Institutionen, Pandekten und Codex, Galen und Hippokrates wurden gelesen, glossiert, interpretiert in alter scholastisch-theoretischer Weise, vielfach ohne praktische Anwendung. Der alte Heide Aristoteles, dem doch die Reformatoren erst so energisch aufgesagt hatten, machte nicht bloss faute de mieux wieder den Inhalt der Philosophie aus, nachdem ihn auch Petrus Ramus nicht zu stürzen vermocht, sondern es galt sogar noch am Ende des 17. Jahrhunderts die Aristotelische Philosophie als die einzig wahre gegenüber der neuern Cartesianischen, so dass die Privatlehrer der philosophischen Fakultät (z. B. in Königsberg und Marburg) ebensogut auf

den Aristoteles wie auf das orthodoxe Bekenntnis verpflichtet wurden.
Die theologischen Fakultäten aber wurden die Tummelplätze dogmatischer
Zänkereien. Es war den Stiftern und Patronen unmöglich, Lehrstoff und
Lehrweise anders zu gestalten, als es überliefert war, und sonst bestimmend
und neue Wege weisend in das Lehrwesen einzugreifen, zumal da sich
erst in der weitern staatlichen und gesellschaftlichen Entwickelung die
Bedürfnisse klarer herausstellen mussten, denen der Universitäts-Unterricht
eventuell zu genügen hatte.

So blieben die Universitäten sich selbst überlassen und ihr geistiges
Leben stagnierte. Alle lehrten sie als Korporationen, was ererbtes Lehr-
gut war, und als „Staatsanstalten," was ihnen zu lehren befohlen war,
aber der Fortschritt der Wissenschaften durch Baco, Bruno, Cartesius,
Kopernikus, Galilei, Guericke u. A. vollzog sich ausserhalb der Universitäten. Mit Hülfe des Buchdrucks verbreiteten sich Kenntnisse, die auf
der Universität keine Pflege fanden. „Die Universitätslehre, ohnehin aus
der bereits erstarrten Form des Mittelalters hervorgehend, bleibt selber
stehen und verliert für mehr als ein Jahrhundert sogar das Verständnis für
alles das, was sich das geistig arbeitende Europa ausserhalb der Fakultäten erwirbt. Es wird das erklärlich, wenn man bedenkt, dass anfänglich
alle nicht in den Fakultäten vertretenen Kenntnisse verhältnismässig noch
viel zu gering waren, um selbständige Lehrgebiete abgeben zu können.
So wird es verständlich, dass jene historisch-mittelalterliche Tradition der
Latinität und des Diktierens in den Vorlesungen, welche den Dozenten
an sein Buch, seinen Eid und das Urteil der Fakultät band, die Universitäten hinderte, die grossen neuen Bewegungen, obwohl sie ihnen sonst
näher liegen mochten, in ihr Lehrwesen aufzunehmen. . . . Nie waren
die Universitäten unwissenschaftlicher als in dieser Epoche."*) So kam
es dahin, dass ein Leibniz am Ende des 17. Jahrhunderts die Universitäten als Stätten höherer wissenschaftlicher Bildung gar nicht mehr in
Betracht zog. Die alte Weise musste sich erst aus- und überleben, bevor
eine neue Weise in die Universitäten einziehen konnte. Inwiefern jene
mit den öffentlichen Lektionen zusammenhing, diese aber mit Hülfe der
Privatkollegs in Aufnahme kam, wird weiterhin zu beleuchten sein.

Das Andere, worin das Wollen der Stifter und Patrone grösser war
als das Vollbringen, betrifft die finanzielle Ausstattung der Universitäten.

*) L. v. Stein a. a. O. S. 142.

Abgesehen von Leipzig, das aus katholischer Zeit reiches irdisches Gut mitgebracht hatte, waren die übrigen protestantischen und reformierten Universitäten Deutschlands ziemlich kümmerlich versorgt. Die Gehälter der Artisten standen meist auf 80 bis 100 Gulden, die der Theologen um 200 Gulden herum, hin und wieder wurde ein berühmter Jurist für höheren Preis gewonnen; dazu kamen allerdings noch Wohnung, Holz und andere Naturalgefälle (Korn, Wein, Geflügel etc.), auch Braugerechtigkeit und Accisefreiheit. Diese Einkünfte flossen aus den verschiedensten Quellen: aus Kirchengut, aus gewissen Zöllen, aus Domänen und Dorfschaften, aus Kapitalstiftungen, seltener aus der fürstlichen oder Staats-Kasse. Die Universitäten erhielten bei der Gründung ihre Ausstattung und mussten nun ihr Vermögen selbst verwalten und sich damit einrichten, so gut es ging. Es lag in der Natur aller dieser Gefälle, dass sie nicht immer pünktlich eingingen; auch Verluste blieben nicht aus, zumal die Gelehrten oft schlechte Verwalter waren. Kamen nun Kriege, wie der dreissigjährige, die die Besitzungen der Universitäten verwüsteten, so reduzierten sich die Baareinkünfte wie die Naturalgefälle, so dass vakante Professuren offenblieben, damit die übrigen sich ein wenig verbessern konnten. Oft ging aber die Reduktion bis zum Nullpunkt, und jahrelang cessierten in der zweiten Hälfte des dreissigjährigen Krieges die Gehaltszahlungen. Greifswald bietet hierfür ein lehrreiches Beispiel. In Erfurt zeigt 1642 die philosophische Fakultät nach längerer Unterbrechung wieder einmal Vorlesungen an, obwohl sie, wie das Procemium des Lektionskatalogs besagt, keine Stipendien mehr bezieht.*) Andere Beispiele aus Tübingen, Helmstädt, Jena, Wittenberg giebt Tholuck, das akademische Leben des 17. Jahrhunderts, I, 72.

Nicht bloss, dass die Gelder und sonstigen Gefälle zu Zeiten unregelmässig eingingen, die Gehälter waren an und für sich zu niedrig oder wurden es im Laufe der Zeit. Denn da sie mit der gesamten Fundation statutarisch feststanden, so liess sich in Ausnahmefällen nur durch persönliche Zulagen nachhelfen. Was die Lage für die obern Fakultäten noch etwas erträglicher gestaltete, war der Umstand, dass hier die ordentliche Professur oft nur Nebenamt war. Die Theologen bekleideten Super-

---

*) Utut stipendiorum, uti malum! hactenus quoque fruendorum spe satis dubia, rem tamen literariam juvandi, Patronorum munificentiam demerendi, debitorumque (si modo, quod credimus, Musis, ne prorsus mulae fiant exulesque, is debeatur honos favorque) inposterum propensiorem solutionis affectum effectumque inflammandi gratia.

intendenturen und Pfarrstellen und fungierten als Mitglieder des Landes-Konsistoriums. Die Juristen waren ausdrücklich nicht bloss als Universitätslehrer, sondern auch als fürstliche Sachwalter und Richter bestellt. Die Mediziner aber waren tage-, wochen- und monatelang, besonders wenn ein hoher Patient ihrer Dienste benötigte, von der Universität abwesend. So kam der Eine und Andere, unter Vernachlässigung allerdings seines akademischen Lehramtes, zu Vermögen. Aber diese Vernachlässigung sowohl, als die ökonomische Bedrängtheit der Mehrzahl der Lehrer, besonders in der philosophischen Fakultät, brachte allmählich den gesamten öffentlichen Unterricht an den Universitäten herunter. Schon vom Ausgange des 16. Jahrhunderts, vorzüglich aber im 17. Jahrhundert verlegten sich die Lehrer auf Privatunterricht, den die Studierenden zu bezahlen hatten. „Bald legten", sagt Meyfart in seiner „Christlichen Erinnerung" (1636), „die Professoren ihre öffentlichen lectiones nieder: wollten die Studierenden etwas fassen, siehe da standen absonderliche Collegien aufgethan — ohne baares Geld blieben die Thüren verschlossen."

Das Ansehen des Standes ward dadurch nicht gerade gehoben. Mit der materiellen Not verfiel das Professorentum in Unwürde, die Professur ward benutzt, um Pensionate und Studententische zu halten, wobei dann aller Übermut geduldet werden musste.*) War die wissenschaftliche Bedeutung der Universitäten im 17. Jahrhundert an und für sich nicht gross und schwerlich geeignet, das Selbstbewusstsein der Lehrer zu stärken — die Intimationen ihrer Privatkollegien machen oft mit ihrem flehentlichen Ton („Adeste, o mei, adeste, adite, audite!") einen wenig Vertrauen erweckenden Eindruck —, so verfielen die Professoren nach dem grossen Kriege als „Schulfüchse" erst recht der Geringschätzung bei der übermütigen Soldateska und dem Hofschranzentum, das die galante Bildung der Franzosen nachzuahmen begann.

Eins nur konnte helfen, das war die Konsolidierung der neuen Staatsordnung, die die Existenz der Professoren durch anständige Einkünfte sicherte und ihnen eine angesehenere soziale Stellung verschaffte, die Disziplin unter den Studierenden wiederherstellte und aufrecht erhielt, die Anstellung der Professoren allein in die Hand nahm und auch im Privat-

---

*) Ich gebe in der Beilage A. eine Pensionatsordnung des Prof. math. Jobus Ludolff in Erfurt von 1697.

dozententum ·verbunden mit Stellenanwartschaft für gelehrten Nachwuchs sorgte, überhaupt aber den Universitätsunterricht sowohl dem Fortschritte der Wissenschaften, als auch den Bedürfnissen des Staatslebens anpasste.

Der Anfang dazu ward nun allerdings bald nach dem dreissigjährigen Kriege gemacht, als die Landesfürsten ihre verfallenen Universitäten wieder aufzurichten begannen. Aber da der Wohlstand Deutschlands vernichtet war und auch andere Staatsbedürfnisse drängten, insonderheit die grössern Staaten zur Erhaltung ihrer Machtstellung für das Heerwesen immer grösser werdende Aufwendungen machen mussten, da zudem die Kriege nicht aufhörten (die Devolutionskriege, die Türkenkriege, der nordische Krieg, der spanische und bairische Erbfolgekrieg, die schlesischen Kriege, der siebenjährige Krieg), so blieb für die bessere Austattung der Universitäten nicht viel übrig. Daher kam es denn, dass man mit den Privatkollegien der Professoren offiziell zu rechnen anfing und endlich den ganzen Universitätsunterricht darauf basierte.

Ich will nun im folgenden Kapitel die Ursachen des Verfalls der öffentlichen Vorlesungen und des Aufkommens der Privatkollegia im Zusammenhang darzustellen versuchen.

Kapitel 2.

Die Ursachen des Niederganges der öffentlichen Lektionen und die Gründe für den Aufgang der Privatkollegia.

Dass der Unterricht an den deutschen Universitäten prinzipiell öffentlich und unentgeltlich von besoldeten Lehrern erteilt werden sollte, ist im vorigen Kapitel hervorgehoben worden. Der Staat folgte damit nur dem Beispiele der Kirche, teilte sich anfangs mit ihr noch in die Aufgabe und löste sie später gänzlich darin ab. Es ist kein Zweifel, dass die öffentlichen Vorlesungen und Uebungen bis in das 18. Jahrhundert den eigentlichen Universitätsunterricht bedeuteten. Nur hierfür standen die Auditoria zur Verfügung. Ueberall ermahnen die Gesetze für die Studierenden zum Besuche der öffentlichen Vorlesungen, und die prae-

ceptores privati des 16. und 17. Jahrhunderts müssen ihre discipulos an-
weisen, welche Lektionen und in welcher Ordnung sie dieselben hören
sollen. Bei der Bewerbung ferner um einen akademischen Grad musste
vor Allem auch der Besuch der Lektionen nachgewiesen werden und zwar,
da Belegbücher noch nicht Sitte waren, event. durch Vorzeigen der
nachgeschriebenen Hefte. Noch im 18. Jahrhundert, wo doch schon die
Privatvorlesungen auf den meisten Universitäten offiziell anerkannt waren,
finden wir z. B. in Ingolstadt (1746) die Bestimmung, dass bei der Erteilung akademischer Zeugnisse die öffentlichen Vorlesungen als die allein
gültigen zu Grunde gelegt werden sollen.

Neben den ordentlichen öffentlichen Vorlesungen, die die Hauptfächer,
die libros ordinarios, umspannten, war es den Professoren schon vor der
Reformation gestattet, extraordinarie oder privatim Etwas zu lesen. So
heisst es z. B. in den Wittenberger Statuten von 1508 bei der theologischen Fakultät: „Poterit etiam private quis profiteri, sine tamen ordina-
riarum lectionum praejuditio". An dieser Klausel, dass die ausserordentlichen oder Privat-Vorlesungen nur in beständiger Unterordnung unter
die ordentlichen öffentlichen Vorlesungen und nicht in Konkurrenz
mit diesen gehalten werden dürften, hielt die Gesetzgebung, freilich
erfolglos, überall noch bis zum 18. Jahrhundert hin fest. Diese ausserordentlichen Vorlesungen durften, wie die Heidelberger Statuten Otto
Heinrichs von 1558 lehren, auch öffentlich, d. h. im Auditorium der
Universität gehalten werden, dann jedoch absque pretio; Honorarforderung
war nur gestattet für den wirklichen Privatunterricht, den die Lehrer bei
sich zu Hause, intra privatos parietes, abhielten. Damit aber daraus nicht
Winkelschulen entständen, die den Lehrbetrieb der Universität lahm legten,
so behielt sich die Universität das Aufsichtsrecht über diesen Privatunterricht vor. Sie gestattete ihn, ohne auf ihn zu zählen. Als in Leipzig
durch die Reform von 1502 der Pastus in der Artistenfakultät abgeschafft
wurde, wonach alle Lektionen umsonst stattfanden, wird dennoch jedem
Magister, „welcher lesen oder resumiren will umbs geld extraordinarie",
solches vergönnt, „damit sie sich inn schulkunst desto mehr uben und
exerciren mügen".

Überhaupt war Privatunterricht am meisten zu Hause in der
philosophischen Fakultät. Hier gab es zuerst Privatdozenten, d. h.
junge Gelehrte, die sich für die akademische Laufbahn in irgend einer
der obern Fakultäten vorbereiteten. Denn die Artistenfakultät war

nicht bloss für die Studierenden, sondern auch für die Lehrer eine Vor-
bereitungsschule für die obern Fakultäten. Gisenius kennt in seiner
Vita academica*) die Lectores privati nur in der philosophischen Fakultät,
obwohl damals schon Privatkollegia bei allen Fakultäten in Übung waren.
Er erörtert in Disputatio VI die Frage: „An utiliter concedatur privatis lectoribus, ut ordinariorum Professorum horas occupent, quod actu publice
legitur, illi privatim proponant atque comportatas quasdam theses publi-
cent et typis evulgent?" Gisenius geht dabei im wesentlichen zurück auf
die Wittenberger Magistri adscripti und praeceptores privati der philosophischen Fakultät, die sich auf allen nachreformatorischen Universitäten
finden. Mit deren privater Lehrthätigkeit rechneten allerdings die Universitäten. Sie waren die Tutoren der jungen und der Anleitung noch
bedürftigen Studiosen und ersetzten den früheren Bursenunterricht. Die
Wittenberger Statuten von 1508 haben übrigens für diese Magistri u. a.
folgende Bestimmung: „Praeterea statuimus, ut Magister privatim erudiens
discipulos, quos alii domicellos appellant, sub poena perjurii et exclusionis
ab uno non exigat per annum ultra . . . aureos —" woraus hervorgeht,
dass die Universität das Verhältnis auch nach seiner finanziellen Seite
hin regelte.**)

Indes dies Institut der praeceptores privati hat mit der uns hier
beschäftigenden Frage wenig zu thun, weil es ohne Einfluss gewesen ist
auf die Entwickelung der Privatvorlesungen gegenüber den öffentlichen.

Dagegen entstand um die Mitte des 16. Jahrhunderts etwas ganz
Neues, was im folgenden Zeitalter den Sturz der alten Lectiones ordinariae
herbeiführte, das waren die sogenannten collegia. Über den Ursprung
derselben berichtet Heinrich Meibom in seiner 1607 gehaltenen Rede
de academiae Juliae primordiis et incrementis,***) dass sie in Köln auf-
gekommen, von da über Marburg nach Helmstedt gelangt seien, von wo
aus sie sich dann weiter über ganz Deutschland verbreitet hätten. Sie
seien von den Studierenden selbst ausgegangen, zunächst von den Juristen
gepflegt, bald aber von allen Fakultäten aufgenommen worden. Ich will,
da mir die Sache wichtig genug scheint, Meibom selbst reden lassen

---

*) P. II. Rintelii 1628.

**) Eine sehr ausführliche Regelung der Beziehungen zwischen den praeceptoribus
privatis und ihren Discipeln findet sich in Ingolstadt vom Jahre 1555. S. Prantl,
Gesch. der Ludw.-Max.-Univ. II, Urk. Nr. 71.

***) Sie steht in Rerum Germanicarum tom. III.

und die ganze Stelle hersetzen. Nachdem er die ersten siebenzehn Lehrer der neuen Universität Helmstedt (1576) aufgezählt, wie sie in dem ersten Lektionskatalog von 1578 enthalten seien, fährt er fort:

„Docebant autem singulis diebus omnes, tum quod Princeps fieri id vellet, tum quod ex usu emolumentoque juventutis esset. Neque difficile hoc ipsis erat, uti nec hodie cuiquam esse potest, modo voluntas non absit . . . . Ad publicam illam, quae in Professoribus erat, diligentiam accedebat privata studiosorum solertia. Hi enim coeperunt instituere collegia: habere congressus: tradita publice excutere privatim: prolixa redigere in compendium: in singulis materiis σωματοποιεῖν & dissentientes opiniones investigata vera sententia conciliare. Atque haec cumprimis exagitabantur ab illis, qui juri civili operam dabant. Institutum illud natum in Colonia Agrippina, etiamnum ibi perdurat, magno juventutis bono. Cumque apud Cattos in Marpurgensi academia locum invenisset, inde ad nos traductum est, opera et studio Eberhardi Trilingii, Swalenbergensis Westvali, quem sua etiam laude defraudare nolo. Successere alii & in his Joannes Bocerus Salcatenus, Justus Gogrevius Paderbornensis, Westvali ambo, Arnoldus de Reiger Belga pluresque alii: quorum discipuli cum per universam Germaniam dispergerentur, hunc collegiorum morem passim instituerunt nostramque Juliam illustriorem reddiderunt. Nec tamen defuere qui honestis istis conatibus oblatrarent: verum ut nihil efficerent frustraque perstreperent, unius Borcholdi faciebat autoritas. Qui cum rem intellegeret commodisque omnium aeque studeret, molitiones ab imperitia & livore profectas tempestiva severitate repressit. Neque ab ejusmodi exercitiis abstinebant Theologi, non Philosophi, nec Medici, qui suas simul corporum humanorum dissectiones herbarumque inquisitiones sedulo et solerter urgebant. Rem in pauca redigam: in eo qui docebant ambitiosi erant omnes, ut propria agerent, quod Thessalonicensibus suadet D. Paullus & retinendae concordiae utile est & necessarium."

Meibom lässt also die Collegia, die von nun ab eine grosse Rolle im Universitätsleben spielen sollten, in Köln entstanden sein. Ich möchte ihren Ursprung indes vielmehr nach Ingolstadt verlegen und zwar auf Grund zahlreicher Disputationen aus den 6oer, 7oer und 8oer Jahren des 16. Jahrhunderts. Wiederholt finden sich da in den Vorreden und Widmungen Hinweise auf dieses anscheinend noch neue und speziell in Ingolstadt entstandene Institut. Mir scheint die Sache folgenden Zusammenhang zu haben.

Der Italiener R a p h a e l N i n g u a r d a, aus Morbegno im Veltlin gebürtig,*) war nach Ingolstadt gekommen und hatte da zunächst mit Erlaubnis der Fakultät Privatvorlesungen über die Institutionen gehalten und sich besonders als Disputator einen Namen gemacht, „magno cum studiosorum concursu & applausu," wie M e d e r e r berichtet. Infolge dessen erhielt er 1565 eine ordentliche Professur für Institutionen und bekleidete 1567 sogar das Rektorat. Er hat sich jedenfalls um die Wiedererweckung des Disputationswesens in Ingolstadt sehr verdient gemacht und wohl das Seine zur Wiederbelebung des darniederliegenden Rechtsunterrichtes beigetragen.**) Ist nun auch die Einrichtung der sogenannten Collegia nicht unmittelbar an seinen Namen geknüpft, so darf doch angenommen werden, dass seine von ihm gepflegte Weise der Privatdisputationen unter den Studierenden die Lust erweckt hat, sich zu solchen Übungen zusammenzuthun. Denn seinem Nachfolger Joh. R i c h. O s s a n a e u s (Ninguarda verliess bereits 1569 Ingolstadt) wird die Einführung der Privatkollegia von den Zeitgenossen zugeschrieben. In einer unter Ossanaeus' Vorsitz 1572 gehaltenen Disputation de contractu societatis sagt der Respondens Joh. Ratzer ausdrücklich, dass dieses Institut einzig und allein dem Ossanaeus verdankt werde („fructuosissimum privatarum nostrarum disputationum institutum, quod felicissimo disertissimoque Juris interpreti D. Joanni Richardo Ossanaeo unice acceptum referimus"). Das bestätigt in einer genau acht Tage später gehaltenen Disputation de jurejurando der Respondent Martin Goesel. Er preist den Nutzen jener „salutaria privatarum concertationum collegia" und zählt eine Reihe von Männern auf, die seit drei Jahren —

---

*) Zedlers Universallexikon verzeichnet einen Felician Ninguarda aus Morbegno, Dominikaner, Generalvikar für Deutschland und Prof. der Theol. in Wien, † 1595. Vielleicht ein älterer Bruder des Raphael?

**) M e d e r e r, Annales Ingolstad. P. I. 1782. S. 302: „Coepit Raphael Ninguarda, posteaquam Ingolstadium venisset, ex Facultatis juridicae consensu primum, magno cum studiosorum concursu & applausu, privatim Institutiones docere, deinde disputationes etiam privatas instituere. Tandem & dexteritate illius in docendo & diligentia excitatus Seren. noster Princeps Ordinarium Institutionum Professorem constituit. Debet certe huic uni, ut cum aliorum Doctorum venia loquar, LL. studiosa juventus, quod disputandi in jure exercitium postliminio quasi ab inferis revocatum sit & ab eo usque tempore ita floruerit, ut & juventus ipsa & Doctores legum, quasi de palma ac praemio inter se certarent pulcherrimo, alacriter in ea palaestra desudarint multique egregie docti juvenes inde prodierint."

so lange war ja Ossanaeus in Ingolstadt — „ex hoc nostro superioribus annis celebrato, jam vero instaurato Collegio, cui Joannes Richardus Ossanaeus . . . etiam hodie praeest" hervorgegangen sind und angesehene Stellungen als Consiliarii und Sachwalter gefunden haben. Von der Mehrzahl dieser „collegarum", wie Goesel sie nennt, haben mir auch die öffentlichen Disputationen vorgelegen, mit denen sie ihre im Privatkolleg gewonnene Geschicklichkeit bekundet haben.

Von den Kollegen Ninguardas und Ossanaeus' scheint sich noch der Kanonist Nic. Everhardi mit der Sache befasst zu haben. In einer unter seinem Präsidium gehaltenen Disputation von 1573 de editione entwirft der Respondent Kilian Berchtold folgende Schilderung dieser wie gesagt offenbar noch neuen Einrichtung:

„(Professores) nullam viam rationemque nullam, qua auditores suos brevissimo compendio ad juris prudentiae arcana introducerent, sibi praetermittendam judicaverunt. Ad hanc rem autem cum frequens exercitium, velitationes, ac argumentorum collationes momenti plurimum habere intelligerent: privata **quaedam** collegia ipsorum ope & consilio instituta sunt, in quibus non pauci nobiles & honestissimi juvenes . . . se jam exercent per tempus non exiguum, e quibus plurimi (tanquam ex equo Trojano) effusi in arenam publicam descendere non dubitaverunt ac conclusiones, ex intimis sacrarum Legum penetralibus desumptas publice proponere discutiendas."

Auch nach Ossanaeus' Wegzug von Ingolstadt (1574) werden diese „Collegia" fortgesetzt, und in einer Disputation von 1577 heisst es, dass sich die Ingolstädter Professoren damit den Dank aller Menschen und das Lob der Guten verdient haben.*)

Prantl ist in seiner Geschichte der Ludwig-Maximilians-Universität erst zu Anfang des 17. Jahrhunderts auf diese Privatkollegia gestossen, man sieht aber aus dem Mitgeteilten, dass sie älter waren, als er annimmt.

---

*) Joh. Gailkircher Praes., Balth. Asenhaimer Resp., Theses de testamento militari. „. . . haec academia hanc laudem meretur: ut studia juris alibi florere tantum, hic etiam vivere quodammodo videantur. Quis enim est qui dubitet exercitationem praeceptorum quasi animam esse? Ecquid praeclarius & excellentius ad laudem hujus antiquissimi Gymnasii addi potuit, quam illud nuperrime institutum CONSISTORIUM, ut appellat noster Justinianus? Cujus tanta utilitas redundat ad studiosam LL. juventutem, ut praevidere mihi videar, clarissimos & excellentissimos hujus inclytae academiae antecessores nostros & gratiam omnium hominum & bonorum virorum laudem sempiternam consecuturos esse."

Prantl schreibt (I, 410) im Anschluss an die Erzählung von einer 1601
stattgefundenen Visitation der juristischen Fakultät: „Und es liefen auch
in den nächsten Jahren (1603 und 1606) hierüber günstige Berichte bei
der Regierung ein, wobei uns auch zum ersten Male eine Einrichtung begegnet, welche bald in grösserem Umfange auftrat; nämlich sowohl die
Universität als auch die herzoglichen Räthe billigen es, dass die Professoren auch Ein Mal in der Woche (meist Donnerstags) „Collegia privata" halten, worin sie gegen Honorar mehreren Studenten besonderen
Unterricht ertheilen (also was wir jetzt ein Privatissimum nennen), und
es wurde nun der Sprachgebrauch üblich, dass im Gegensatze hiervon die
übrigen Vorlesungen, welche ja unentgeltlich zu halten waren, „Lectiones
publicae" genannt oder noch kürzer „Collegia" und „Lectiones" einander
gegenübergestellt wurden."

Ob nun der Ursprung dieser Collegia wirklich auf Ingolstadt zurück-
zuführen ist, will ich, so wahrscheinlich es auch ist, doch noch dahin gestellt sein lassen. Es ist aber, um auf die Meibomsche Darstellung zurück-
zukommen, möglich, dass das Institut durch Studierende von Ingolstadt
nach Köln verpflanzt wurde und hier bereitwillige Aufnahme fand; es war
vielleicht ein Weg der Selbsthülfe, zu dem sich die Studierenden infolge
des Unfleisses der Kölner Professoren, bezüglich dessen ich auf Bianco
verweise, gezwungen sahen.

Denn dass diese Kollegien von Hause aus reine Privatunternehmungen
der jungen Rechtsbeflissenen waren, geht auch aus Meiboms Worten
hervor. Studierende bildeten einen wissenschaftlichen Verein, nicht wie
heute mit lebenslänglichen Tendenzen und dem Institut der „Alten Herren",
sondern vorübergehend zum Studium gewisser Teile des Rechts im Anschluss an die öffentlichen Vorlesungen der Professoren. Es waren praktische Übungen nach der damals beliebten Methode der Disputationen,
freiwillige „Seminarien" der Studierenden, bei deren Einrichtung sie sich,
wie es in Ingolstadt hiess, der Hülfe und des Rates der Professoren bedienten. Denn einer Leitung bedurften diese Disputierkränzchen. Anderwärts waren es ältere Studierende, Rechtskandidaten, die diese Kollegien
einrichteten. Unzweifelhaft sind die Namen, an die Meibom die Einführung der Kollegien in Helmstedt knüpft, solche von Studierenden. Der
u. A. erwähnte Arnold von Reiger z. B. promovierte in Jena 1592.*)

*) Er ist der Verfasser der vielfach zitierten Rede: Utrum dignitas Doctoralis
nobilitatem dedecoret necne?

Möglich, dass dieser Reiger auch in Jena den Privatkollegs Eingang hat verschaffen helfen. Jedenfalls hat man hier der Sache soviel Wichtigkeit beigemessen, dass die Statuten von 1591 sogar ein Collegium publicum disputatorium über die Pandekten anordnen und, wie aus dem ersten Katalog von 1591/92 hervorgeht, dem Institutionisten auferlegen.

In Strassburg werden die privaten Disputierkollegia 1595*) eingeführt, und die Statuten von 1621 verpflichten die Professoren dazu. Schwerlich aber haben hier die Professoren daraus ein Geschäft machen können; denn diese privaten Disputationen fanden allwöchentlich im Auditorium statt und hiessen wohl nur deshalb privat, weil bei ihnen im Gegensatz zu den solennen die Öffentlichkeit ausgeschlossen war.

Ich will der allgemeinen Verbreitung der Privatkollegia auf den einzelnen deutschen Universitäten hier nicht weiter nachgehen, obwohl ich darüber einige Daten gesammelt habe, und will es dabei bewenden lassen, was Meibom darüber zum Ruhme seiner Julia gesagt hat.

Lange Zeit lag das Geschäft der Privatkollegia in den Händen der Privatlehrer, der Doctores und Magistri, sowie älterer Studenten, denen die Fakultät die facultas erteilte „aperiendi collegia privata".

.Wie verfuhren die denn nun? Als materia tractanda wurde z. B. das Feudalrecht gewählt.**) Man teilte den Stoff in eine Anzahl grösserer Abschnitte, etwa elf, und arbeitete diese in eine Reihe kurzer Thesen zu Disputationen aus. Für jede dieser Disputationen wurde ein Respondent aus der Mitte des Collegiums bestellt, dem es dann oblag, mit Hülfe des Präses die einzelnen Thesen zu explizieren, mit Argumenten der Rechtsgelehrten zu belegen und auf Fragen und Einwürfe der Kollegen zu antworten. Auf diese Weise wurde ein grösseres Rechtsgebiet, zu dessen prolixer Behandlung in den öffentlichen Vorlesungen mindestens ein halbes Jahr erforderlich war, kompendiarisch in viel kürzerer Zeit, in unserm Falle etwa 11 Wochen, erledigt und in succum et sanguinem übergeführt.

---

*) S. Fournier, Statuts et privilèges des universités françaises. Tom. IV. 1894. „Leges disputationum tum publicarum tum privatarum." (S. 261.)

**) Vgl. z. B. Controversiae juris feudalis Disputationibus XI. enucleatae, Quas ... sub praesidio Johannis Niellii ... in ... Academia Marpurgensi exercitii gratia defendendas susceperunt Nobiles & eruditi aliquot juvenes LL. studiosissimi. Ed. II. Marpurgi 1597.

Aus den in akademischen Zeugnissen und Intimationen enthaltenen Lebensläufen einzelner Studierenden und Gelehrten erhält man bisweilen interessante Aufschlüsse über die Bedeutung, welche die Privatkollegia im Studiengange des Betreffenden spielten. Einem dem Rechtskandidaten Burchard Perlichius zu Jena unterm 4. Juli 1625 erteilten Dekanatszeugnis entnehme ich z. B. Folgendes. Der Dekan Val. Riemer bezeugt ihm, dass er es nicht gemacht habe wie Andere, die die Tage und die Nächte mit helluationes, rixationes, Lärmen und Trinkgelagen hingebracht, sondern vielmehr dem Beispiele derer gefolgt sei, „qui Lectiones publicas & privatas audiunt, qui eas in succum et sanguinem exercitia habendo disputatoria vertunt." Seine Studien habe er mit der praktischen Philosophie begonnen, quae parens est nostrae jurisprudentiae, und mit der Logik, die Niemand entbehren könne. „Sub praesidio ergo M. Francisci Danielis Bergii*) Ethicum & Politicum Collegium absolvit, sub Directorio vero fratris .... M. Georgii Perlichii Logicum non modo Lectorium & Disputatorium, quae vocant, sed & Oratorium cum caeteris suis Sympalaestritis habuit." Danach sei er an die Jurisprudenz gegangen und habe sowohl die öffentlichen Lehrer als auch Privatlehrer gehört. Von Phil. Sigism. Grubenhagen „J. U. Cand. nunc eorundem Licentiato" habe er sich die Institutionen erklären lassen und sie dann durchdisputiert, sodann unter dem Präsidium des J. U. Doctorandi Molanus die „Exercitationes Arumaei ad Pandectas conscriptas cum commilitonibus suis disputando trutinavit." Ferner in „Georgii Himmelii J. U. D. collegia cooptatus" habe er zum zweitenmale „Lindemanni Justinianeas Exercitationes, additis Feudalibus ejusdem, tandem nostras [nämlich des Dekans Riemer] Quaestiones, quas illustres inscripsimus, sub disquisitionis incudem revocavit" d. h. durchdisputiert. Nachdem er dann endlich unter dem Präsidium des Geo. Himmel eine öffentliche Disputation de furtis gehalten, sei ihm die Erlaubnis gewährt worden, selber „Collegia habendi & aperiendi ex voto Studiosorum, quorum aliquot ipsius opera in praesidendo non sine fructu utuntur." Solches wird also dem Burchard Perlich zu seiner Empfehlung attestiert.

Wie man aus diesem Zeugnis ersieht, wurden in den Kollegien eigens zu diesem Zweck geschriebene Exercitationes zu Grunde gelegt.

*) Alle die hier Genannten stehen nicht in den Jenenser Lektionskatalogen, waren also teils Privatlehrer, teils noch Studenten.

2*

Ich habe auf diese im Zusammenhang mit den Kollegien entstandene Form der juristischen Litteratur bereits in meinen Disputationen und Promotionen (Leipzig 1893) hingewiesen und brauche hier umsoweniger darauf einzugehen, als Stintzing in seiner Geschichte der deutschen Rechtswissenschaft (II, 27 fl.) darüber ausführlich berichtet hat.

Man sieht ferner, dass die Collegia nicht mehr bloss disputatoria, sondern auch lectoria oder, wie sie auch sonst heissen, explicatoria geworden waren. Und in dem Masse nun, als diejenigen, die in ihrer Studienzeit selbst den Nutzen der collegia an sich erfahren hatten, zu Professuren gelangen, gewinnt diese Form eines abgekürzten und intensiveren Wissenschaftsbetriebes in allen Fakultäten, namentlich auf den frequenteren Universitäten immer grössere Bedeutung. Ursprünglich bezweckten sie nur die Verarbeitung und Einprägung der in den öffentlichen Lektionen tradierten Wissenschaft. Es lag aber nahe und war nur ein Schritt, dass diese Wissenschaften von den Professoren, nachdem sie selbst die neue Weise der Collegia aufgenommen hatten, zumal damit Bezahlung verbunden war, nicht mehr bloss disputatorisch in den Kollegien exerziert wurden, sondern dass die ganze Behandlung und Darbietung des Lehrstoffes auch lektorisch in die Kollegia verlegt ward. Man kann den Fortgang dieser Entwickelung an den Lektionskatalogen des 17. Jahrhunderts verfolgen, wie ich das im folgenden Kapitel an den Beispielen einiger Universitäten gethan habe. Dass in Folge der Darbietung von Kollegien die öffentlichen Vorlesungen sich für die Studierenden mehr und mehr erübrigten, ist erklärlich. Es bildet sich schon im 17. Jahrhundert unter den Studenten ein gewisses point d' honneur aus, die öffentlichen Vorlesungen in den Auditorien nicht zu besuchen, sondern sich privatim für sein Geld unterweisen zu lassen.*) Der Kampf zwischen den Lectiones und den Collegia ist schon in seinem Anfange, d. h. in der ersten Hälfte des 17. Jahrhunderts zu Gunsten der Collegia entschieden. Denn vermittelst der Collegia führten sich jetzt die Lectiones privatae

---

*) Vgl. Tholuck, das akad. Leben des 17. Jahrh. I, 75. — Ein Erfurter Lektionskatalog der phil. Fak. (Dekan Heinr. Marckloff) v. 1636 ermahnt im Proömium die Studierenden: „Domini Studiosi Philosophiae publicas praelectiones ob priv ata collegia & exercitia non omnino fugite, sed diligenter, frequenter, constanter & obedienter audite, à vestris publicis Praeceptoribus discere non erubescite, eorundem praelectiones & monita non omnino negligite, sed benevolo & parato animo accipite . . ." Leider aber boten die fünf Professoren gleichzeitig so geringe und verlegene Waare an, dass ihre Ermahnung schwerlich Frucht getragen hat.

neben den publicis in ganz anderem Umfange ein, als sie ihn früher gehabt hatten. Es wird zwar verboten, z. B. in den Strassburger Statuten von 1604 und 1621, dass ein Professor diejenigen Autores, so von einem andern publice und ordinarie gelesen werden, ohne Erlaubnis desselben privatim expliziere, dass aber derselbe Professor dies auch nicht neben seinem publicum thun dürfe, steht nicht geschrieben. Danach ist es nicht zu verwundern, wenn in den Lektionskatalogen des 17. Jahrhunderts neben den öffentlichen Vorlesungen Privatkollegia oder -lektionen über dieselben Lehrgegenstände angezeigt werden.

Lag anfänglich der Betrieb der Collegia vorzugsweise in den Händen der Privatlehrer, während den ordentlichen Professoren der öffentliche Unterricht oblag, jene aber nur ausnahmsweise und vorübergehend publice lasen,*) so ändert sich das Verhältnis bedeutend nach dem dreissigjährigen Kriege. Die Professoren, die nun selbst allgemein collegia hielten, begannen ihre jüngern Konkurrenten zu verdrängen. Während sie selbst sich ungemessener Freiheit in der Abhaltung der Kollegien bedienten, sorgten sie doch für einschränkende Bestimmungen bezüglich der Thätigkeit der Privatlehrer. Im Jenenser Visitationsdekret von 1669 heisst es z. B.: „obwohl denen Doctoribus, Licentiatis, Doctorandis, Magistris und gelehrten Studiosis Collegia privata lectoria und disputatoria zu halten nicht verwehret wird, So hatt doch dieses sein gewisses Ziel und Maasse, also dass sie in der Stunde, darinnen ein Professor derselben Facultät lieset und über den Autorem, welchen ein Professor unter Handen hatt, zugleich kein Collegium halten sollen. So sollen auch die Doctores, Licentiati und Doctorandi juris weder das jus publicum, noch wann sie keine Magistri promoti, in Politicis, Historicis oder andern Philosophicis dociren. Wass aber die Adjunctos Facult. Philos. betrifft, (: derer zum wenigsten 4. zu bestellen und aufzunehmen, welche Collegia würcklich halten :) mögen dieselben gleich denen Professoribus selbiger Facultät, als die an eine disciplin mit privat Collegiis nicht gebunden, dergleichen exercitia lectoria, auch ohne sonderbahre Verlaubnüss anstellen."

Zehn Jahre später ist wieder, wie das Visitationsdekret von 1679 in § 21 erklärt, „vielfältige Klage über die privat-Doctores einkommen, als ob denen Professoren der Juristen-Facultät allerhand Eintrag von ihnen

---

*) Vgl. Tholuck über die Magistri legentes a. a O. I, 51 ff.

zugezogen würde, indem theils derselben in ihre Stunden und Lectiones
einfallen und die studirende Jugend an sich zu ziehen sich anmaasslich
unterfangen, theils zwar andrer lectionum sich befliessen, welche aber
also beschaffen, dass die Studiosi von dem richtigen Methodo juris trac-
tandi abgeleitet u. s. w." Und 1681 schlägt nach Tholuck (I, 54) die
Fakultät geradezu vor, ihnen das Lesen zu verbieten ausser als Substi-
tuten bei Erkrankungen von Professoren; sie nähmen — so wird ihnen
vorgeworfen — für ihre Winkelschulen 6, 8 oder 12 Groschen (von jedem
Theilnehmer) und läsen Pensa, zu denen die Professoren ½ Jahr brauch-
ten, innerhalb 8 Wochen. In einem mir vorliegenden Programm der
Jur. Fakultät v. 7. Juli 1681, worin auch zum ersten Male die Beitreibung
restierender Kollegienhonorare zur Fakultätssache gemacht wird, finden sich
bezüglich der Collegia der Privatdoktoren, Licentiaten, Doktoranden und
Studiosorum Juris so weitgehende Einschränkungen, dass ihnen damit die
Praxis annähernd unterbunden war. Dieser wohl nicht bloss in Jena sich
zeigende Konkurrenzneid der Professoren hatte zur Folge, dass das Institut der Privatdozenten gegen Ende des 17. Jahrhunderts allmählich zu-
rückgeht,*) um dann auf den Universitäten Halle und Göttingen seine
Auferstehung auf moderner Grundlage zu feiern.

Eine gesetzliche Taxe für die Bezahlung der Privatkollegia hat wohl
während des 17. Jahrhunderts noch nirgends bestanden. Die Collegia
unterlagen überhaupt der akademischen Gesetzgebung noch nicht, so lange
der eigentliche Universitätsunterricht in den Lectiones publicae erblickt
wurde. Die erste Anregung zu einer Taxierung der Kollegienhonorare
finde ich in Heidelberg 1680, als in einer Senatssitzuug die Ursachen des
geringen Besuches der Universität erörtert wurden. Es ist aber nicht ersichtlich, ob sich der Senat darüber schlüssig geworden ist.**)

Alles, was früher extraordinaria oder privata lectio gewesen ist, geht
im 17. Jahrhundert auf in die collegia, desgleichen im 18. Jahrhundert
Alles, was den statutenmässigen öffentlichen Vorlesungen bisher vorbehalten
gewesen war. Der Name Kolleg wird jetzt die gemeinsame Bezeichnung
sowohl für die gänzlich zurückgesetzten öffentlichen Vorlesungen wie für
die privaten. Die Professoren richteten sich ihre Privatauditorien ein,
und die öffentlichen Hörsäle der Universität, die ohnehin für die Menge
der Vorlesungen nicht ausreichten, standen leer. So war also der Sturz

---

*) Tholuck I, 53.
**) Hautz, Gesch. d. Univ. Heidelberg. II, 188.

des öffentlichen und unentgeltlichen Unterrichtes herbeigeführt worden durch die in der zweiten Hälfte des 16. Jahrhunderts den Studienbedürfnissen der Rechtsstudenten entsprungenen Privatkollegien.

Diesem Bedürfnis, durch praktische Übungen das in den Vorlesungen Gehörte zu verarbeiten und zu befestigen und anwenden zu lernen, genügten nun freilich am Ende die Privatkollegia nicht mehr. Sie konnten sich zwar, weil durch keine statutarischen Bestimmungen mehr an Pensum und Stunde gebunden, sowohl dem Fortschritte der Wissenschaften, als dem Verlangen der Studierenden besser anpassen, als die früheren Lectiones, hatten schliesslich aber denselben monologisch-theoretischen Charakter wie diese, und es wurde abermals eine Ergänzung des Universitätsunterrichtes nach der praktischen Seite hin notwendig. Diese fand die Neuzeit in den mit den Mitteln des Staates eingerichteten Seminarien und Instituten.

Es spielten noch andere Ursachen mit, um den Niedergang der Lectiones publicae herbeizuführen; man kann sie teils innere, teils äussere oder persönliche und sachliche nennen. Ich will einige kurz anführen.

1. Die statutarische Gebundenheit der paar öffentlichen Vorlesungen über die immer nur von einem Ordinarius vertretenen Hauptfächer dehnte den Unterricht auf viele Jahre aus. Der Kursus währte zu lange und wurde nicht in jedem Jahre, geschweige Semester neu begonnen. Darüber ging den Professoren und den Studenten der Atem aus. Es war schwer, für die Neuankommenden den richtigen Anfang zu gewinnen; sie tranken wie die Hunde aus dem Nil bald hier, bald da und trugen Bruchstücke des Wissens davon ohne Methode und ohne System.

2. Die vorschriftsmässigen öffentlichen Lektionen basierten auf dem Glauben an die Unfehlbarkeit der alten Autoren. Mit diesem Glauben fielen auch jene dahin. Den Übergang von der Autorität und Tradition zur Freiheit und selbständigen Forschung im Universitätsunterricht, wie er seit dem Ende des 17. Jahrhunderts sich vollzog, hat Paulsen in seiner schönen Geschichte des gelehrten Unterrichtes nachgewiesen.

3. Die schlechte Besoldung der Professoren neben dem allerdings notorischen Unfleiss vieler derselben. Darüber verbreitet sich ausführlich Tholuck, das akademische Leben des 17. Jahrhunderts (1853. I, 121).

4. Der dreissigjährige Krieg mit seinen Sitte und Gesetz untergrabenden und alle Ordnung auflösenden Folgen.

5. Die Zuchtlosigkeit des Stududententums in der Zeit des herrschen-
den Pennalismus von 1610 bis 1661.

6. Die geringe Frequenz an manchen von den vielen Universitäten
im allgemeinen und die mancher Disziplinen, z. B. der Medizin, im besondern, woraus ein horror vacui auditorii entsprang; denn die Professoren
mochten nicht „in der Wüste lesen."

7. Der Zustand der Auditorien selbst, besonders im Winter. Hierüber einige Worte. Die Heizung öffentlicher Lokale war bis in das vorige
Jahrhundert eine Seltenheit. Es war etwas Aussergewöhnliches, dass 1588
in Altdorf den dorthin berufenen Franzosen Hugo Donellus ein Ofen ins
Auditorium gestellt wurde, nachdem er sich über die Kälte beklagt hatte.
In Folge dessen erfuhren die öffentlichen Vorlesungen im Winter immer
längere Unterbrechungen, es sei denn, dass einzelne Professoren in der
Lage gewesen wären, die Publika bei sich zu Hause zu lesen. 1704 kündigt der Philosoph Wollenhaupt in Erfurt an: „Pneumaticam seu Scientiam
Spirituum e Lumine Naturali cognoscibilium per succincta praecepta . . .
e Cathedra publica Den. Studiosis, in quantum per aëris hyemalis
inclementiam fieri poterit, proponere alloborabit." Die Studenten
werden nichts verloren haben, wenn der Winter diese Offenbarungen aus
der Geisterwelt überhaupt verhindert hat. 1733 liest Joh. Heinr. Meier
ebendaselbst seine Institutionen publice „propter inclementiam tempestatis
in aedibus, in Arca majore sitis."

Ähnliche Bemerkungen wiederholen sich häufig in den Lektionskatalogen des Wintersemesters. In Heidelberg wird am 6. Januar 1683
den Professoren erlaubt, „bei kaltem Wetter ihre lectiones in ihrem
Hause zu halten."*) Nach den Frankfurter Statuten von 1610 war es
den Professoren verboten, zu Hause zu lesen „nisi valetudine aut aetate
aut in hyeme nimio frigore impediantur". In Greifswald regt eine Verordnung des Generalgouverneurs Grafen Mellin v. 4. Jan. 1702**) die
Zurichtung der Winter-Auditorien mit Heizung und Beleuchtung — denn
auch an dieser fehlte es — an; sie kommt aber nicht zu Stande. Infolge dessen unterbleiben einfach, wie aus einem Visitationsbescheid von
1730 hervorgeht, die öffentlichen Vorlesungen während des Winters. In
Kiel sah es ganz und gar traurig aus mit den Auditorien, man konnte

---

*) Hautz a. a. O. II, 212.
**) Bei Dähnert, Sammlung Pomm. u. Rüg. Urkunden II, 920.

sich darin nicht einmal vor Regen und Schnee schützen (vgl. die Schilderung im folgenden Kapitel unter Kiel). Auch in Halle war die alte Wage ein wenig komfortables Universitätshaus. Die Professoren richteten sich, soweit sie dazu vermögend waren, weit bessere Privatauditoria ein, und Thomasius weist gelegentlich in der Anzeige seiner Vorlesungen die Herren Studierenden auf sein geräumiges und helles, wahrscheinlich auch gut durchwärmtes Auditorium hin.

In diesem Punkte hat überall erst im 19. Jahrhundert der Staat Wandel geschaffen. Er hat die Vorlesungen, die sich im vorigen Jahrhundert ganz in die Häuser der Professoren verzogen hatten, wieder in die Universitätsgebäude verlegt, nennt sie aber nun merkwürdigerweise nicht durchweg öffentliche, wie es historisch und logisch richtig wäre, sondern zum weitaus grössten Teile private.

Wie dieser Widerspruch entstanden ist, will ich nun an den Beispielen einiger deutschen Universitäten im folgenden Kapitel aufzuzeigen versuchen. —

Kapitel 3.

Die geschichtliche Entwickelung der öffentlichen und der privaten Vorlesungen bei einzelnen*) deutschen Universitäten.

Wie im ersten Kapitel auseinandergesetzt wurde, sind sämtliche deutschen Universitäten gegründet worden, keine einzige ist aus einem freien Verhältnis zwischen Lehrenden und Lernenden entstanden. Die Gründer verfolgten Plan und Ziel, sie gaben der Universität ihre materielle Unterlage mit Gebäuden und Einkünften, sie regelten die Beziehungen zwischen Lehrern und Schülern. Die Gewinnung der Lehrer war das Wichtigste und ihre Salarierung ein Gebot der Notwendigkeit. Bei den Universitäten des 14. und 15. Jahrhunderts, wie überhaupt bei den katholischen Universitäten, kam die Kirche mit ihren reichen Mitteln dem Landesfürsten oder — bei Köln und Erfurt — der Stadtgemeinde zu

---

*) Der Zweck der Arbeit erforderte es nicht, sie alle darzustellen. Ausserdem musste ich mir der Druckkosten wegen Beschränkung auferlegen.

Hülfe. Die Professoren erhielten oder — soweit sie Geistliche waren — behielten ihre Kanonikate, Präbenden, Stipendien und fixe Gehälter und waren auf Schulgelder (Vorlesungshonorare) nicht angewiesen, ausgenommen die Artisten, deren besondere und untergeordnete Stellung noch zu beleuchten sein wird.

Demnach waren die deutschen Universitäten öffentliche, autoritate publica eingerichtete Lehranstalten, aus öffentlichen Mitteln wurden sie unterhalten, ihre Lehrer waren öffentliche Lehrer, und der Unterricht war öffentlich und im wesentlichen frei. Die Universitäten des 14. Jahrhunderts wurzelten allerdings noch im Mittelalter und ihre Einrichtungen trugen den gemeinsamen Charakter der europäischen, ständischen Universitäten. Daher begegnen wir hier noch Honorarzahlungen (collectae) auch in den oberen Fakultäten. Aber im 15. Jahrhundert hört das auf, der gesamte öffentliche Unterricht in den sogenannten Lectiones publicae wird frei erteilt, vom 16. Jahrhundert ab auch bei den Artisten.

Diese Lectiones und Exercitationes publicae (d. h. Vorlesungen und Disputationen) fassten aber auch den gesamten fachwissenschaftlichen Unterricht in sich. Nur von ihnen reden die Stiftungsbriefe und Statuten, nur auf sie bezieht sich die ins Detail gehende Lehrordnung mit Bestimmung der Pensen, Zeiten und Stunden. Der Privatkollegs wird bis zum 17. Jahrhundert hin in den Universitätsgesetzen nur beiläufig gedacht, wenn von Doktoren und Magistern die Rede ist, die ohne offiziellen, d. h. ordentlichen und öffentlichen Lehrauftrag unterrichten. Jene öffentlichen Vorlesungen waren die allein gültigen, die für die Vollendung des akademischen Kursus notwendigen, nur sie wurden für die completio ad gradus angerechnet, offiziell gab's keine andern. Und diese eben wurden ohne Honorarforderung erteilt.

Nebenher ging von Anfang an Privatunterricht, der zunächst in Übungen und Wiederholungen bestand. Noch bis in die Mitte des 17. Jahrhunderts trugen die Privatkollegia, wie die Lektionskataloge beweisen, diesen mehr praktischen Charakter. Dazu erboten sich die Professoren gegenüber den Studierenden („privatim collegia petentibus aperiet"), während ihnen die öffentlichen Vorlesungen und (Disputier)-Übungen befohlen waren. Wurden sie für diese vom Fiscus besoldet, so unterlag die Bezahlung der privaten Lehrstunden (vom pastus der Artisten im 14. bis 16. Jahrhundert abgesehen) naturgemäss der Vereinbarung zwischen Lehrer und Schülern. Erst in der zweiten Hälfte des 17., mehr noch im

18. Jahrhundert, als die Privatkollegia in Konkurrenz mit den öffentlichen und ordentlichen Vorlesungen getreten waren, beginnt die Aufsichtsbehörde, indem sie jene anerkannte und sogar anbefahl, sich auch um die Ordnung des Honorarwesens zu kümmern.

Es wurde schon vorher gesagt, dass die Lektionen und Exercitia der Artisten anfänglich nicht frei waren. Im 14. Jahrhundert bestanden überall (in Prag, Wien, Heidelberg, Köln, Erfurt) Taxen für die einzelnen in festbestimmten Zeiten innerhalb des Schuljahres abzuhandelnden Disziplinen. Auch Leipzig (gegr. 1409) kennt sie und hat sie aus Prag mitgebracht, ja noch Ingolstadt (gegr. 1472) und Tübingen (gegr. 1477), deren Einrichtungen einander sehr ähneln und auf Wien zurückweisen, haben den Pastus in der Artistenfakultät. Diese Taxen kann man ansehen als ein Schulgeld, das die jungen Scholaren (Knaben von 12 Jahren an) den Magistern und Baccalarien zu entrichten hatten. Denn Schulgeld wurde an den niederen Schulen erhoben, und schulmässig war der Unterricht in den sieben freien Künsten auch an der Universität. Er spielte sich grossentheils auch nicht, wie bei den oberen Fakultäten, in auditorio publico ab, sondern in den Bursen oder Contubernien, wo die Mehrzahl der Artistenschüler Wohnung und Kost hatte. Und wer waren denn die, die hier lehrten, repetierten, nachhalfen und die Aufsicht führten? Das waren die Baccalarien und Magister, die soeben den Kursus teils halb, teils ganz absolviert hatten, also junge, selbst noch im Studium stehende Leute, deren Hülfe im Lehrgeschäft die Universität um so reichlicher beanspruchen musste, je grösser die Anzahl der Studirenden war. Gewiss halfen nach Professoren aus den oberen Fakultäten mit in der Artistenfakultät; gewiss ist auch, dass einige Stellen der Artisten etatsmässig salariert waren und mit Magistern besetzt wurden, die noch in den obern Fakultäten weiterstudierten und somit für eine Reihe von Jahren bei der Universität verblieben, ohne diese Ordinarii, die auch Collegiati hiessen, weil sie in eigens für sie errichteten Kollegien in klösterlicher Gemeinschaft lebten, wäre das consilium facultatis ja gar nicht konstituiert gewesen, aber das steht auch fest, dass das Lehramt bei den Artisten noch keine Lebensaufgabe älterer Gelehrten war. Hier handelte es sich bloss um eine Vorschule für die obern Fakultäten. Etwas anders gestalteten sich nun diese Dinge, als im 15./16. Jahrhundert der Humanismus herrschend wurde, als die Klassiker interpretiert und Ciceronianisches Latein nebst Griechisch und Hebräisch gelehrt wurden, als die Philosophie der

Nominalisten, die via modernorum, durchdrang und die Aristotelische Philosophie aus dem Urtext geschöpft wurde, der Buchdruck das Bücherdiktieren überflüssig machte und vor allem, als die Reformation die geistige Vormundschaft der Kirche beseitigte. Da verschwindet dann die scholastische Einpaukerei in den Bursen; Pädagogien, Gymnasien treten an ihre Stelle und bereiten für die philosophischen und humanistischen Studien in der philosophischen Fakultät vor, deren Stellen jetzt auch mit Professoren höherer Qualität, mit Gelehrten vom Fach besetzt wurden. Und deren Lectiones waren nunmehr publicae und gratuitae, so gut wie die der übrigen Fakultäten.

Noch auf eine andere Eigentümlichkeit der ältern Universitäten muss ich hier hinweisen. Sie betrifft ihr Lehrziel. Der ganze Unterricht war auf die sogenannten Promotionen, auf die Erwerbung der Meisterschaft zugeschnitten, wie das dem Charakter ständischer Organisationen entsprach. In festbestimmte Kurse war der Unterricht eingeteilt, die von den Studierenden durchlaufen, „kompliert" werden mussten. Die Lehrer (doctores) waren Meister (magistri) ihres Fachs, und sie bildeten wieder Meister, d. h. Lehrer eben dieses Fachs; denn in der facultas docendi, disputandi, interpretandi bestand die Meisterschaft (magisterium). Die Universitäten waren eben nicht Forschungs-, sondern Lehranstalten; sie überlieferten nur das Wissen der Alten, liessen es lernen und lehrten es wieder lehren. Daher kam es, dass die Studierenden der mittelalterlichen Universitäten auf den verschiedenen Stufen ihres Kursus zugleich Lernende und Lehrende waren. Und diese ausserordentlichen Lehrer ergänzten und unterstützten den ordentlichen Lehrkörper in willkommener Weise. Ohne diese unbesoldeten, aber wegen der Completio ad gradum zum Lesen, Disputieren und Repetieren verpflichteten Hülfskräfte ist die Lehrverfassung der alten Universitäten gar nicht zu denken.

Dieses Lehrziel der Universitäten verschob sich nun völlig, als im 15./16. Jahrhundert mit dem Landesfürstentum die Souveränität der Staatsgewalt emporkam, als namentlich unter dem Einflusse der Reformation zahlreiche Landesuniversitäten entstanden, d. h. gestiftet wurden, in der ausgesprochenen Absicht, damit der Kirche, dem Staate, dem gemeinen Wesen zu nützen. Nunmehr trugen die Universitätun als staatliche Lehranstalten ihren Zweck nicht mehr in sich selbst, ihre Bestimmung lag vielmehr ausserhalb ihrer. Ich will nicht wiederholen, was über dieses Verhältnis im vorigen Kapitel gesagt ist. Hier sollte nur klargemacht werden, wie es kam, dass sich auf den deutschen Universitäten vor dem 16. Jahrhundert in der Artistenfakultät noch Unterrichtshonorare finden, während die übrigen Fakultäten gratis unterrichteten.

Es leuchtet nun auch ein, dass für die Untersuchung der geschichtlichen Entwickelung der öffentlichen und privaten Vorlesungen im Zusammenhange mit dem Honorarwesen von der mittelalterlichen Periode der deutschen Universitäten abgesehen werden kann. Demnach kann es, indem ich jetzt dazu übergehe, die betreffenden Verhältnisse bei der Mehrzahl der deutschen Universitäten im Einzelnen zu verfolgen, bei den ältesten derselben sich nur darum handeln, den Zeitpunkt zu beobachten, wo der Pastus in der Artistenfakultät abgeschafft und damit die Entwickelung zur Neuzeit hin inauguriert wurde.

Ich beginne mit den süddeutschen Universitäten.

In Heidelberg bestand der pastus, die collecta der Artisten bis in die Mitte des 16. Jahrhunderts. Man findet die erste Taxe in den Statuten des 14. Jahrhunderts unter der Überschrift: Sequitur, quantum pro collecta de singulis libris communiter in artibus legi consuetis et eciam exerciciis liceat recipere.*) Unter dem 10. Nov. 1554 beantragt die Fakultät beim Kurfürsten, „dass die contubernales lectiones publicae gemacht, der past wie in andern vielen Universitäten abgethan" werde.**) Es erfolgt darauf 1558 die Reformation Otto Heinrichs, die das ganze Vorlesungswesen zeitgemäss regelt. Es werden bestellt drei ordentliche Professoren der Theologie: 1) für das Neue Testament, 2) für das Alte Testament und Hebräisch, 3) für die Methodica oder Principia, d. h. die Fundamente der christlichen Lehre; ferner vier Juristen: ein Codicist, ein Kanonist, ein Pandektist und einer für die Institutionen; weiter drei Mediziner für Therapeutik, Pathologie und Physiologie und endlich fünf publici professores der philosophischen Fakultät, nämlich einer für Griechisch, einer für „ethica", der dritte für „physica", der vierte für „mathematica" und der fünfte für „poetica & oratoria". Alle diese salarierten Professoren — die Gehälter bewegten sich zwischen 140 und 250 Gulden, wozu noch freie Wohnung und Naturalgefälle kamen — hatten viermal wöchentlich ordinarie zu lesen, nämlich an den allgemein üblichen ordentlichen Lesetagen Montag, Dienstag, Donnerstag und Freitag.

„Ausser den ihm übertragenen Disziplinen", schreibt Hautz (Gesch.

I. Heidelberg.

---

*) Winkelmann, Urkundenbuch I, S. 42 ff.
**) W. I, S. 284.

d. Univ. Heidelberg, II, 22), durfte jeder Professor auch andere vortragen, aber nur dann ein Honorar von seinen Zuhörern fordern, wenn er zu Hause las; benutzte er ein öffentliches Auditorium, so war ihm dieses untersagt. Ebenso durften nur die, welche, ohne angestellt zu sein, die bei nachgewiesener Würdigkeit leicht zu erlangende Erlaubnis zu Vorlesungen erhalten hatten, sich honoriren lassen, wenn sie zu Hause lasen. Nur in dieser Beziehung ist in der ganzen Reformation von Honorarien für die Vorlesungen die Rede. Für kein Collegium, das in einem Hörsaale der Universität gelesen wurde, bezahlte man etwas."

Es gab also nach dem Statut Otto Heinrichs neben den ordentlichen Vorlesungen auch noch ausserordentliche und private. Ich zitiere die betreffende Bestimmung für die Juristen: „Von den extraordinariis und privatis lectionibus consultorum. Wir wollen auch umb mehrer exercitation, rhumb und geschreies willen der lesenden und zuhorenden persohnen, das ein jeder doctor oder licentiat, in dieser facultet lesend, neben den andern geordneten lection und stunden zu gelegen zeiten ein oder mehr titl in rechten offentlichen und vergeblich zu lesen und zu interpretirn macht haben soll, dessgleichen auch ime in privato oder seiner behausung uff wolgefallen und zimliche belohnung derjenigen, so es begehren wurden, obgemelter massen zu lesen unbenommen sein soll, doch das solchs geschee under den stunden, so man sonst ordinarie nicht pflegt zu lesen."*)

Sonach waren nun die Hauptlektionen in allen Fakultäten frei, und hier wie überall standen Strafen in Form von Gehaltsabzügen auf jede Versäumnis einer öffentlichen, ordentlichen Lektion, ja sogar Amtsentsetzungen erfolgten wegen Unfleisses der Professoren, wie aus einigen Verfügungen von 1588**) hervorgeht.

Im 30jährigen Krieg verfielen die Vorlesungen, nicht bloss die öffentlichen, sondern auch die privaten. Ein kurfürstliches Reskript Karl Ludwigs von 1655 bringt deshalb den Professoren in Erinnerung, da die Studenten von der Universität häufig wegziehen und ohne Scheu sagen, es geschehe darum, weil von den Professoren weder lectiones publicae noch collegia privata gehalten würden, dass sie ihre „collegia privata umb ein billich und nicht allzu hoch gespantes recompens, es wäre gleich der Studenten viel oder wenig", zu halten haben.***)

---

*) Thorbecke, Statuten und Reform. d. Univ. Heidelberg. S. 67.
**) Winkelmann II, 1143, 1144.
***) W. II, 1653.

Hiernach erscheinen also nun schon die Professoren verpflichtet, den Studierenden mit Privatkollegs entgegenzukommen. Indes halten die Statuten, die der genannte Kurfürst 1672 erliess, fest an der Bedeutung der öffentlichen ordentlichen Vorlesungen. Von den extraordinariis lectionibus sagt § 35:*) „Soviel aber diejenige materias, welche von einem professore bereits publice gelesen werden, belanget, selbige soll sich kein ander proprio motu privatim zu dociren unterstehen, sondern da die studiosi solches von einem professore absonderlich begehreten und von jenen zu ihrem genügen nicht könnte verrichtet werden, alsdann soll diesem darüber collegia privata zu halten auf sein begehren zu der universität mehrere aufnehmen von der facultät, dahin es gehöret, verstattet werden."

Die schon im 17. Jahrhundert eingerissene Vernachlässigung der ordentlichen öffentlichen Vorlesungen schreitet jedoch trotz aller obrigkeitlichen Mahnungen im nächsten Jahrhundert unaufhaltsam fort. Im Jahre 1733 verfügt Karl Philipp, dass ein Professor, welcher keine wirklichen Lektionen hält, die Hälfte seiner Besoldung zu Gunsten der Bibliothek verlieren solle. 1765 tadelt Karl Theodor besonders die Lässigkeit der Juristen und befiehlt, 1) die Vorlesungen halbjährlich zu enden, 2) auf die Pandekten drei Vierteljahre zu verwenden, 3) keine Ferien zu machen, 4) lectiones privatae gegen mässiges Honorar zwar nach Gefallen zu lesen, aber nicht in den Stunden, in welchen dieselben Stoffe öffentlich gelehrt würden u. s. w. Die letzte Bestimmung wiederholt der Kurfürst 1771, dass die doctiones privatae durantibus publicis ruhen müssten.**) Ist so Karl Theodor bestrebt, den öffentlichen Vorlesungen nach wie vor ihren hervorragenden Charakter zu belassen, so kann er doch bald nicht mehr umhin in Rücksicht auf den vermehrten Umfang und die Spezialisierung der Fakultätswissenschaften, desgleichen in Rücksicht auf die mässige Anzahl der Professuren mit den Privatkollegiis offiziell zu rechnen. Im Jahre 1786 gab er der Universität Heidelberg neue Statuten.***) Darin lautet z. B. der § 141:

„Um die Zahl der Professoren nicht ohne Noth zu vermehren und dadurch zu Beschwerung des Fisci, auch sonstigen Bedenklichkeiten Anlass zu geben, soll von den Ordinariis Professoribus immer der Bedacht dahin genommen werden, dass alle auf andern berühmten Universitäten

---

*) Thorbecke S. 268.
**) W. II, 2186, 2215. Vgl. auch 2156, 2157.
***) Thorbecke S. 299 f.

bestehende Medicinische Lehrfächer auch von ihnen wenigstens in Collegiis privatis vorgetragen und schicklich eingeteilet werden."

In ähnlicher Weise wird den Juristen (im § 131) die Haltung von Privatkollegiis nahegelegt. Dass aber die öffentlichen Vorlesungen noch immer den eigentlichen Lehrauftrag enthalten, lehrt § 132:

„Alle juristischen Vorlesungen sollen jedes halbe Jahr geendet, zum Vortrag der Pandekten, um dieses zu bewirken, täglich zwei Stunden, zu den übrigen collegiis publicis aber nur eine verstattet sein. Jeder Professor ordinarius soll ein Lehrbuch, dessen Catheder ihm anvertraut ist, weilen er dafür seinen Sold beziehet, vorzüglich fleissig und nüzlich alle Tage ... vortragen und zu Haltung der Privatcollegien bei ziemlicher Anzahl der Zuhörer gegen Besuch eines billigmässigen in vier Wochen zu pränumerirenden honorarii bereit sein."

Ueber die Höhe des Honorars, sowie über Erlass oder Stundung desselben ist bei den Juristen und Medizinern nichts verordnet. Bezüglich der Theologen bestimmt aber der § 126, dass jeder Professor zunächst sein Hauptkolleg gratis zu lesen hat, für die übrigen Privatlektionen sollen sodann 4 fl. halbjährlich gefordert werden dürfen, wobei jedoch vorausgesetzt wird, dass bedürftigen Studiosis der unentgeltliche Besuch gestattet werde.

Es muss indes trotz der Forderung der Pränumeration*) Kreditierung auch der Honorarien stattgefunden haben. Denn der § 87, der die Schuldverhältnisse der Studierenden regelt, nennt unter den erlaubten Schulden auch die Honorarien der Privatkollegien, daneben die Salarien der Ärzte, Quartiergeld, Tisch, Kleidung u. s. w. Alle diese Schulden müssen innerhalb 6 Monat bei Rektor und Senat eingeklagt werden, besonders aber vor der Abreise des Schuldners. Lex IVta der Leges et Statuta Universitatis Heidelbergensis verordnet übrigens Personal- und Sacharrest in Schuldensachen.**)

Am Anfang des 19. Jahrhunderts erfolgte nun eine völlige Umgestaltung des Vorlesungswesens: nicht mehr die öffentlichen, sondern die Privatkollegien gelten von jetzt an als ordentliche. Im Jahre 1803 näm-

---

*) Lex VIIIa (der Leges et statuta univ. Heidelb.). Qui inscripto matriculae professorum nomine se collegio privato interfuturum obligavit, honorarium statim solvito.
**) Thorbecke S. 335.

lich erliess Kurfürst Karl Friedrich sein „dreizehntes Organisationsedikt"
und bestimmte darin:*)

„In Hinsicht auf Kollegienlesung muss jeder Lehrer ein Kollegium
von drei Stunden die Woche unentgeltlich (publice) lesen, wozu
er entweder ein Examinatorium über seine ordentliche Kollegien oder
einen interessanten Nebenzweig seines Theils der Wissenschaften . . . auswählen, niemals aber nur einzelne Abschnitte eines ordentlichen collegii
dazu aussetzen und damit dieses zu einer Nachhülfe für ein ordentliches
Kollegium machen soll. Sodann ist jeder auf ordentliche, das heisst
mit einem mässigen Honorar dankbar zu erkennende Kollegien
(privata) wenigstens zwölf Stunden wöchentlich . . . zu verwenden
schuldig u. s. w." ·

Wurden auf diese Weise die ehemaligen Privatkollegien zu ordentlichen erhoben, so verstand es sich von selbst, dass der Kurfürst auch
das Honorarwesen regelte. Er setzte also folgende Taxe fest. Privatissima
sollen kosten halbjährlich 20 Gulden für jede Wochenstunde, die ordentlichen (Privat-)Vorlesungen aber 3 bis 5 Gulden in der theolog. und in
der philos. Fakultät und 3 bis 5 Thaler in den juristischen und medizinischen Fakultäten. Praktische Kollegien sollen, je nachdem sie zwei-,
drei- oder vierstündig sind, mit 6, 9, 12 Thalern honoriert werden. Die
Zahlung hat spätestens im zweiten Monate des Semesters zu erfolgen.**)

Nachdem nun der frühere unentgeltliche Unterricht im Grossen und
Ganzen abgeschafft war, mussten doch für die Armen Vorkehrungen getroffen werden. Das geschah in folgender Vorschrift:

„Jedem Inländer, der ein Zeugniss gänzlicher Armut mitbringt, aber
wegen besondern Fähigkeiten doch zum Studiren gelassen und unterstützt
wird, muss es [nämlich das Honorar] ganz, und jedem Inländer, der ein
Zeugniss sehr eingeschränkter Studienmittel vorweiset, zur Hälfte erlassen
werden."

Dass diese Armutszeugnisse von der geistlichen und weltlichen Orts-
obrigkeit der Heimat des Studierenden gewissenhaft und überhaupt nur
besonders Talentierten und Fleissigen ausgestellt werden sollen, wieder-

---

*) Winkelmann I, 446.
**) Die academischen Gesetze von 1810 verordnen in § 18 die praenumerando-
Zahlung an eine dafür eingesetzte besondere Kommission, wobei jedoch dem Lehrer
überlassen bleibt, sein Honorar auch auf andere Art zu erheben.

— 34 —

holt eine Minist.-Verordnung v. 4. Jan. 1822,*) und eine neue Verfügung vom 10. Aug. 1840**) erläutert die einzelnen dabei in Betracht kommenden Umstände. Der Senat entscheidet über das Gesuch, vorbehaltlich des Rekurses an das Ministerium, und die ausgesprochene Befreiung von Zahlung der Kollegiengelder bindet auch die nicht besoldeten Professoren und Privatdozenten. Dagegen hangt die Befreiung der Ausländer lediglich von dem Willen der Lehrer ab, deren Vorlesungen sie besuchen. Eine Kreditierung der Honorare fand also seit 1803 nicht mehr statt. Demgemäss enthält auch das Schulden-Gesetz für die Akademiker vom 31. Juli 1823 nichts über etwaige Honorarschulden.

Soviel von Heidelberg. Sehen wir zu, wie die Verhältnisse in Ingolstadt lagen.

Ingolstadt. Ingolstadt (gegr. 1472) ist die vorletzte (Frankfurt die letzte) deutsche Universität, die noch an der Einteilung der Studenten in Nationen festhielt. Sie war also noch nicht als Landesuniversität im strengen Sinne gedacht. Es entsprach dies ihrem ausgeprägt katholischen Charakter, den sie allezeit gewahrt hat. Nichtsdestoweniger tritt auch hier das Prinzip des unentgeltlichen, öffentlichen Unterrichtes von Anfang an hervor.

Der Stiftungsbrief des Pfalzgrafen Ludwig von 1472 setzt die Gehälter für die fünf Professoren der drei obern Fakultäten u. für sechs Magister der freien Künste aus. Diese Magister hiessen auch Collegiaten, weil sie in dem der Universität als Hauptgebäude zu Vorlesungen und Akten überwiesenem ehemaligen Pfründhaus Wohnung hatten. „Wir wollen auch albeg sechs maister in den freyen künsten haben, die in dem obgemelten hauss, das der brüder gewesen ist, in den obern gemachen, die wir dann dartzu geordnet han, sich ennthalten sollen, und in denselben freyen künsten schuldig sein zelesen allwegen ein yedes halb jare ir drey den studenten in den freyen künsten und sollen keinen solt davon nemen." (Prantl, Gesch. d. Ludw.-Max. Univers. II, 24.) Demnach waren alle Vorlesungen der salarierten Professoren gratis zu halten. „Item wir wollen setzen und ordnen auch, dass kain student von der heiligen schrifft, geistlichn und kayserlichn rechten noch der ertzney zelesn den doctorn nichts zu sold zugeben schuldig sein, aber den maistern der freyen künst, die mit collegiaten sind, so allso lesen würden,

*) Bad. Reg.-Blatt. 1822. No. 1.
**) Ebda. 1840. S. 187.

sollen studenten zulon und sold geben ungeverlich, was man zu Wienn zugeben, und dessgleichen sollen den collegiaten, so ausserhalb der ob- gemelten ordenung lesen würden, auch sold und lone, wie vorsteet, ge- geben werden" (Prantl II, 24).

In den Statuten der Artisten von 1472 ist dies weiter ausgeführt und auch die Taxe der Vorlesungen festgesetzt. Es heisst in dem Abschnitte: De librorum legendorum distributione (bei Mederer, Annales Ingolst. acad. IV, 77): „Volumus preterea singulos Magistros cujuslibet vie*) ad legendum et finiendum libros substanciales pro Baccalariatu in unaquaque, et pro Magisterio in duabus mutationibus esse obligatos hoc pacto, ut libri ipsi sorte distribuantur; adjiciens, quod semper Collegiati omnes in qualibet mutatione libros hos gratis legant, quod eis sors commi- serit;" und in dem Abschnitte De solutione pastuum (Mederer IV, 89 ff): „Quia dignus est operarius mercede sua, volumus, quod audientes aliquem librum a Magistro illum honeste et legaliter de collecta ante tocius libri finem expediant sub pena non admissionis." Es wird dann Zeit und Pastus der zum Baccalarius wie zum Magister notwendigen Lek- tionen bestimmt. Die Sätze bewegen sich für jene zwischen 1 gr bis 1 Gulden, für diese von 2 gr bis zu 1 ℔ je nach der Dauer der Vor- lesungen.

Alle diese Ordnungen und auch die nachfolgenden zielen auf die Lectiones publicae. Der Privatvorlesungen wird erst 1522 in der Confir- matio statutorum renovatorum, aber auch nur beiläufig gedacht. Es heisst (Mederer IV, 194): „De Lectoribus & Lectionibus. Neminem ad legen- dum admitti ordinamus, publice vel private in hoc studio, nisi eidem sit inscriptus & juratus, ordinariam quoque lectionem nullus, etiam a Principe presentatus perficere attentet, nisi prius coram Rectore Universitatis legitti- mis argumentis se in eadem professionem insignitum docuerit. Extra ordinem vero nullus ad legendum admittatur sub hora quae suae professionis ordinarius profitetur." Diese auf allen Universi- täten bis in das 18. Jahrhundert übliche Klausel, dass Niemand ein Privat- kolleg über eine Materie zur selben Stunde halten solle, wo der Ordinarius den betreffenden Stoff ex officio publice liest, kennzeichnet vorzüglich, wie das Schwergewicht des akademischen Unterrichts in den öffentlichen Vorlesungen, für welche eigentlich die Gehälter-Professuren eingerichtet waren, erkannt wurde.

---

*) Via antiquorum und via modernorum d. h. der Realisten und Nominalisten.

Geldstrafen standen auch in Ingolstadt auf Versäumnisse der Lektionen, und dem Dekan lag es ob (Statuten der Juristen von 1524 § 10 Mederer l. c. 245), einmal im Monate die Vorlesungen zu visitieren, den Fortschritt zu beobachten und die Studenten über den Fleiss der Professoren zu befragen. Denn, wie es in den Praeliminaria pro reformandis statutis des Pfalzgrafen Albert von 1562 heisst, „in lectionum vero explicatione qua fieri potest brevitate quam citissime sese expediant, ne forte rebus inanibus & ad communem usum minime accommodatis auditorum damno longius quam par sit immorentur.“

Der anscheinend schon um diese Zeit eingerissenen Neigung der Professoren zu Privatvorlesungen wird in derselben Verfügung mit folgenden Worten Beschränkung auferlegt (Mederer IV, 301): „Decimo, quia hactenus exemplo domesticorum Praeceptorum nostri etiam Professores aliique in omnibus Facultatibus partim gratis, partim quoque certa pecunia constituta privatim legere conati atque ausi sunt, id in posterum nemini citra cujusque Facultatis Decani consensum certasque ob causas & nonnisi ex mediocri & justo honorario permittendum ducimus, ne studiosi tam lectionum multitudine distrahantur quam cum temporis jactura nummis nimium exuantur.“

Seit dem Jahre 1526, wo ein Pädagogium (-Gymnasium) bei der Universität eingerichtet wurde, das der Artistenfakultät nunmehr den elementaren Unterricht der Baccalarianden abnahm, sind auch die Vorlesungen der Artisten unentgeltlich geworden. Zu dieser bei Prantl (II, 177) abgedruckten Ordinatio nova artistarum collegii lectiones ad baccalaureatum et magisterium gratis habendas respiciens bemerkt Mederer (I, 130):

„Mox ad huius anni initium [sc. 1526] exhibent Acta Facultatis Artisticae literas Ducis Guilielmi Augustae Vindelicorum datas, quibus Rectori et Senatui Vniuersitatis mandat, ut Magistris Artium eadem ratione, qua ceteris Professoribus, ex Camera Vniuersitatis pensio annua soluatur, ut & deinceps gratis & absque ullo ab Auditoribus collecto stipendio suas lectiones habere possint.“ Darauf beschloss der Senat jedem Magister 75 rheinische Gulden zu geben, was die Zustimmung des Landesherrn fand.

Diese Gehälter wurden gegeben, bis 1588 den Jesuiten die ganze Artistenfakultät ausgeliefert wurde, die dieselbe dann auf Grund ihrer Ordenseinrichtungen ganz umsonst verwalteten.

Wie sich nun im 17. und 18. Jahrhundert die Vorlesungen in Ingolstadt gestalteten, mag aus folgenden Urkunden erkannt werden.

Im Jahre 1654 erlässt Maria Anna, Wittib und Vormünderin, eine Verordnung an die juristische Fakultät, in der es u. a. heisst:

„Belangent die privata exercitia, so man collegia nennt, ist vorkhomen, das die studiosi mit den honorariis ybernomen, die arme und unvermögliche eintweders gar nit zuegelassen oder, biss sye des anhaltens mied werden, abgewisen und aufgezogen, die vermögliche aber in so grosser anzall, das sye in der stuben, wo sye zesammen kommen,*) nit alle süzen khünden, . . . exercirt werden. . . . Obwolln wür nun solche privat exercitia für nüzlich und guett halten, so sein doch iztgemelte excess und müssbreuch abzustellen . . . und . . . befinden wür . . . sonderbar guett zesein, das inskönfftig ein jeder professor neben den vor disem angeordneten publicis collegiis et repetitionibus ein jar einmall dergleichen collegia privata, doch ein jeder allein auss dem jenigen, wass er profitirt . . . halte . . . , dabei man aber die arme sowol alss die reiche und zwar gratis zu admittiren, die reiche aber nit ze ybernemmen . . . auch dises exercitium zu solcher stundt anzustöllen hat, damit kein student von den publicis lectionibus verhündert und abgehalten werde . . . ."

In einer kurfürstlichen Verordnung von 1746 (Mederer IV, 436 ff.) sind zwar die Lectiones publicae, die hier auch schon collegia heissen, nach wie vor die Hauptsache, doch wird die Erlaubnis bezüglich der Privatkollegia etwas erweitert. Es heisst darin: „Ausser diesen einem jeden unter euch angewisenen Lectionibus oder Collegiis publicis & liberis, solle

VI. Einem jeden freystehen, über selbst beliebige Materias Juris Collegia privata oder privatissima zu halten, inmassen wür hierinfalls ein . . . Monopolium auf keine Weiss gestatten, sondern denen Auditoribus frey gelassen haben wollen, bey denjenigen Professoribus über was fürley Theile der Rechtsgelehrsamkeit Collegia privata oder privatissima zu nehmen, zu welchen sye das meiste Vertrauen haben u. s. w."

Jedoch sollen derartige Collegia privata nicht zeitlich mit den über die nämliche Materie handelnden Lectiones publicae kollidieren, ferner sollen sie nicht als ordentliche ad obtinendum gradum gelten, sondern testimonia publica sich nur auf die öffentlichen Vorlesungen beziehen.

---

*) Die Auditoria publica waren eben nur für die lectiones publicae,

Immerhin sollen beide Arten von Vorlesungen jetzt in den jährlichen Lektionskatalog aufgenommen werden.

Bemerkenswert ist noch folgender Passus: „Und gleichwie die obig ausgeworffene Salaria wegen Haltung derer Collegiorum sive Lectionum publicarum et gratuitarum vorzüglich gereicht werden, also wollen wir, dass selbige in beständiger ohnunterbrochener Ordnung gehalten u. s. w." Jede Versäumnis einer Lektion soll der Professor mit 3 fl. büssen.

Eine andere kurfürstliche Verfügung von 1758 betr. Einführung einer neuen Lehrart quoad studium juridicum civile stellt das Bezahlen der Privatkollegia gewissermassen noch ins Belieben,*) aber 1772 setzt Maximilian Joseph für die juristischen eine Taxe fest und erlaubt den Professoribus Juris, „dass ein jeder die ihnen aufgetragene ohnentgeltliche Lectiones publicas mit den Lectionibus privatis eben dieser Theilen der Rechtswissenschaft vereinbaren; hingegen statt der bisherigen dreyen, wochentlich 5. bis 6. Stunden darzu wiedmen, und dafür von den ohnbemittelten . . . keine Honoraria oder Collegien-Gelder fordern, sondern nur die Bemittlete solche nach der bisherigen Observanz ein Illustris mit 24, ein Praenobilis mit 18, die Nobiles und andere nur mit 12. oder auch weniger Gulden zu bezahlen schuldig seyn sollen, jedoch mit dem Unterschied, dass für jene Collegia, die in 6. 8. oder 10. Wochen füglich zu End gebracht werden können, wohin die Collegia Juris feudalis, Criminalis, Historiae Juris und dergleichen zu rechnen, durchgängig nur 1 Ducaten à 5 fl. bezahlet werden solle."

Mit dieser Verordnung ist auch für Ingolstadt der Übergang zur Neuzeit angebahnt worden.

3. Tübin-
gen.

Ich will nun als dritte süddeutsche Universität Tübingen wählen und die Verhältnisse der Vorlesungen auf Grund der Eisenlohrschen Sammlung der Tübinger Universitätsgesetze**) darstellen.

Tübingen ist die erste deutsche Universität, die von Anfang an den ausgesprochenen Charakter einer Landesuniversität trug. In der Absicht, Gott zu Ehren und seinen Unterthanen zum Heil und Frommen etwas ins Werk zu setzen, war Graf Eberhard auf die Stiftung einer Universität verfallen. Die kaiserliche Bestätigungsurkunde, die neun Jahre

---

*) „ . . . wer die collegia privata bishero bezahlt hat oder zu bezahlen im stand ist, der bezahle sie auch in Zukunft weiter fort." Prantl II, 469.

**) Bd. 11. Abt. 3. Der von Reyscher herausg. Samml. württemb. Gesetze. Tübingen 1843.

später erschien, hebt diese Absicht nochmals ausdrücklich hervor mit den Worten: „ . . . cum Nobilis ac Generosus noster . . . Eberhardus . . . nuper in Opido suo Tübing . . . pro laude dei omnipotentis ac suorum subditorum incremento Scolas generales . . . erexisset . . . .“ Eberhard selbst spricht immer von „Unserm Studio zu Tüwingen“.

Tübingen trug also von dem freien ständischen europäisch-internationalen Charakter der mittelalterlichen Vniuersitäten nichts mehr an sich; es war eine Staatsanstalt in der Hand des Fürsten und erfuhr als solche allezeit eine genaue Beaufsichtigung und eingehende Fürsorge seitens der Landesherren.

Nach Graf Eberhards Intimacio fundacionis Universitatis Tuwingensis vom 3. Juli 1477 scheint sogleich die Unentgeltlichkeit aller Vorlesungen ins Auge gefasst gewesen zu sein. Graf E. sagt: „Ut omnes fixis atque sufficientibus provisi stipendiis in omni facultate gratis legendo, ne quis inopia divitiarum ad notionem veritatis impediretur ascendere, solerti studio atque diligentia singulis facultatibus praeessent . . . eandem universitatem plus quam triginta beneficiorum collatione dotatam . . . decoravimus“. Für die Artisten jedoch ist die Dotation jedenfalls nicht ausreichend gewesen, hat es wohl auch nach der früher beschriebenen Art des Unterrichts in dieser Fakultät nicht sein sollen, da wir in den ältesten Statuten von 1477—88 auf den pastus stossen.*)

Aber schon 1522 erschien eine Bekanntmachung für das Publikum unter dem Titel:

„Newe ordnungen der Vniuersitet zu Tüwingen, wölcher gestalt . . . die Schuler, on aussgebung ainiches gelts, besunder vmbsunst vnnd vergebens: auch wie des Hebräisch vnnd Griechisch sprachen gelesen, gelert vnnd fürter gehalten werden sollen.“ Danach sollten vier Theologen, sechs Juristen, zwei Mediziner, zwei Kollegiaten für Moralphilosophie, zwei Magister für poetica und oratoria bezw. philos. naturalis und moralis und für die zwei Bursen zehn Magister „alle unnd yeder Insonder taglichen zu gebürlichen stunden ohne anforderung unnd empfahung gelts oder solds von den schulern öwiglich lesen und leren“. Über ihren Besoldungen bezogen die Professoren also keine Honorare mehr von den Vorlesungen. Möglich, dass sie durch Privatunterricht noch dazu verdienten, doch ist in allen Ordnungen des 16. und 17. Jahrhunderts nur immer der Lectiones

---

*) Roth, Urkunden zur Gesch. d. Univ. Tübingen. S. 335.

publicae gedacht.*)   Erst der Visitations-Rezess des Herzogs Carl von
1744 geht auf die Collegia privata ein, die wahrscheinlich schon seit
längerer Zeit wie überall mehr und mehr in Übung gekommen waren.
Es heisst darin:

„5. Das vornehmste Amt eines Professoris Publici Ordinarii sind
die Lectiones publicae, vor welche er eigentlich von Uns besoldet wird.   Es ist dahero Unser ernstlicher Befehl, dass der bisherige
Abgang derer Lectionum publicarum, welcher bey vielen unter Euch zu
nicht geringem Nachtheil Unserer Universität beobachtet worden, hin-
künftig und zu allen Zeiten sorgfältig vermieden und die in jeder Facultaet anordnende Lectiones pünktlich und ohnausgesetzt, mit allem Fleiss
und Treue, und wie ein dem Professori hochangelegenes Collegium, täglich gehalten, die Pensa nach der Austheilung, welche hier nachfolgen
wird, ordentlich angefangen . . . fortgeführt und . . . vollendet werden . . .
Es sollen auch zu desto gewisserer Vollziehung dieser Unserer ernstlichen
Verordnung ein jeder Professor sein Officiale halten, darinnen von Tag zu
Tag verzeichnet stehe, ob und was er publice gelesen? oder aus was
Ursachen er es unterlassen habe? Und wer in seine Stunde eingetreten
seye?**)

6. Collegia privata vor Belohnung von ben Auditoribus zu halten
wird denen Professoribus sogar nicht gewehret: dass sie vielmehr hierdurch
erinnert werden, in guter Harmonie und Subordination dieser Lectionum
privatarum gegen die publicas die Sachen also zu fassen: dass forderist
die Lectiones publicae durch Abhandlung eben derselbigen pensorum in
Collegiis zu gleicher Zeit nicht interrumpirt, sondern vielmehr die Collegia
über ein anderes pensum in diejenigen Jahreszeiten eingetheilet werden,
in denen das nämliche nicht auch publice abgehandelt wird . . . dass
absonderlich in Collegiis privatis auf diejenige Auditores gesehen werde,
denen ein oder anderer Theil ihrer Facultaet vor denen übrigen nöthig ist
und zu dem sie besonders incliniren, da im Gegentheil die Lectiones
publicae auf alle, und also auf einen ganzen Cursum eingerichtet werden".

---

*) „Dagegen hatten sie sonst Nebeneinnahmen, die Juristen von Abfassung von
Gutachten in landesherrlichen Rechtssachen, die Mediziner von der jährlichen Visitation
der Apotheken und Leprosen im Lande.   Auch machten die Promotionsgebühren,
namentlich bei den Artisten eine nicht unbedeutende Einnahme." (Klüpfel, Gesch.
u. Beschreib. d. Univ. Tüb. 1849. S. 45.)

**) d. h. wer von den Kollegen ihn vertreten habe.

In Bezug auf diese Privatkollegs wird nun, wie das auch Michaelis in seinem Räsonnement über die protestantischen Universitäten von Göttingen rühmt, volle Lehrfreiheit, d. h. Konkurrenzfreiheit der Professoren vorgesehen. „So wird, jedoch mit Vorbehalt des regulirten Austheilers quoad Lectiones publicas, darinn keiner dem andern eingreifen solle, quoad Lectiones privatas einem jeden Professori frei gelassen, über mehrere oder alle partes seiner Facultaet einen zusammenhangenden Cursum zu halten u. s. w."

Es werden dann die Pensen in den einzelnen Fakultäten spezifiziert, welche publice absolviert und welche zu collegiis privatis ausgesetzt werden sollen. Die Hauptvorlesungen sind die öffentlichen, die „vor die von Uns geniessende Besoldung, ohne weitere Belohnung von denen Auditoribus, gehalten werden: Ausser dass demjenigen Professori, welchem die Lectio Pandectarum zukommt, weilen er ein ganzes Jahr und täglich zwey Stunden damit hinbringen solle, von jedem Auditore annoch 18—20 fl. davor sollen abgereichet und helftig im Anfang, helftig aber in der Mitte dieser explicationis bezahlt werden."*) Im Übrigen sollen aber in den Collegiis andere partes erwählet werden als in ben Lectionibus und letztere „mit allem Fleiss und Ordnung wie sonsten die Collegia" gehalten werden.

Die Honorare für die Privatkollegs hat der Visitations-Rezess wohl auch einer Untersuchung unterzogen und sie „nicht übermässig zu seyn" gefunden. Näheres aber über ihre Höhe enthalten erst die Neuen Universitätsstatuten von 1752. Hier wird wie bisher zwischen Lectiones und Collegia unterschieden. Jene werden vom Dekan und Collegium ausgeteilt, für die Collegia aber folgende Taxe bestimmt.

1) Theologische Fakultät. „Pro unoquoque Collegio quod semestri tempore absolvitur et pro dimidia unaquaque lectionum parte**) unusquisque auditorum tres vel quatuor florenos solvito."

2) Juristische Fakultät. „Pro Collegio Pandectarum Auditores 18 florenos vel 20 pendunto, pro Collegio Juris publici et practico-processuali 10, pro singulis reliquis si per semestre durent, 8, si per trimestre 4."

---

*) Dies grosse Pandektenkolleg genoss um diese Zeit auch anderwärts solche Bevorzugung, obwohl es zum eigentlichen in öffentlichen Vorlesungen abzumachenden Kursus gehörte. So wird es z. B. auch im ersten Baireuth-Erlanger Lektionsverzeichnis von 1741 mit privatim angezeigt.

**) Das bezieht sich auf eine im Vis.-Rez. von 1744 aus besonderen Umständen gestattete Verbindung von öff. und Privatvorlesungen zu einem Jahreskursus.

3) Medizinische Fakultät. „Pro Collegiis solvunto studiosi et quidem pro semestri 6, pro Collegio annuo 12, pro anatomiae frequentatione 9 florenos. Sin vero sufficiens Auditorum numerus defecerit, conveniens labori pretium Professor determinato et pro semestri Collegio 50 vel etiam 60 florenos, at pro annuo, quale pathologico-practicum esse possit, 100—120 sic exigito, ut ne singuli portionem suam Auditores pendant, sed collata partibus aequalibus summa per Deputatum, non una id suadente causa, tradatur."*)

4) Philosophische Fakultät. „Unusquisque Philosophiae Professor, quae in Lectionibus tractare haud potuit, in Collegiis suppleto. Pro Collegiis per semestre continuando duo solvuntur floreni." Der Mathematiker und Physiker soll jedoch für seine Semester-Collegia einen Dukaten (= 5 Gulden) nehmen, während deutsche Reichs- und europäische Staatengeschichte 6, das Collegium Grotianum 4 Gulden kosten.

Soweit die Honorartaxen. Hinzugefügt wird noch: „Collegia privatissima professores studiosis habento quidem, sed casto pretio posito." Und zum Schluss: „Quod restat, pretium collegiorum in omnibus facultatibus a studiosis praenumerator."

Mit der Pränumeration muss es aber doch wohl nicht streng gehalten worden sein; denn im Anhange zu den Universitätsstatuten vom 6. Juli 1770 werden die Honoraria für gehaltene Collegia oder andern Privatunterricht in Wissenschaften, Examinations- und Disputationskosten, Arztlöhne und Apothekerforderungen unter die „passirlichen Schuldposten" gerechnet, die von Halbjahr zu Halbjahr dem Prorektorat-Amt angezeigt werden müssen. Es geht dies wohl zurück auf die etwas unbestimmte Vorschrift des Visit.-Rezesses von 1744, in welchem zuerst auf Vorausbezahlung der Kollegiengelder gedrungen wird: „Es solle keinem Professori missdeutet werden, wann er sein honorarium ganz oder helftig praenumerirt zu haben verlangt."

Der Visit.-Rezess von 1771 unterscheidet noch immer zwischen der Verpflichtung zu öffentlichen Lektionen und der Erlaubnis, Privatvorlesungen zu halten. „Betreffend die unbestimmte Erlaubnis Collegia zu halten, so mag es dabei verbleiben, was die Statuten und sonderheitlich der Vis.-Rezess von 1744 . . . bereits bestimmen und re-

*) Diese Bestimmung für die Mediziner enthielt schon der vorjährige Herz. Vis.-Rezess vom 13. Dez. 1751.

spective erlauben . . . Übrigens aber haben die Professores in jeder Facultaet wegen der Einrichtung der Collegiorum selbst das Nötige mit einander zu verabreden."

Dass der wichtigste Teil des Unterrichtes nach wie vor in den öffentlichen Vorlesungen lag, geht z. B. aus dem in eben diesem Rezess von 1771 enthaltenen Lektionsplan der Mediziner hervor. Ihre Lectiones publicae sind:

> D. Oetinger im 1. Semester Pathologie, im 2. Semiotik, im 3. Therapia generalis, im 4. Lectio in formulas.
>
> D. Sigwart im 1. Semester Physiologie, im 2. Osteologie, im 3. Institutiones, im 4. Chirurgie.
>
> D. Jäger im 1. Semester Chemia theoritica, im 2. Botanik, im 3. Pharmakologie, im 4. wieder Botanik.

„Was aber die Collegia medica betrifft, so wollen Wir deren Einrichtung den Mitgliedern der Medicinischen Facultaet gnädigst überlassen haben . . . Welch ihnen gnädigst gestattete Freyheit Sie jedoch so zu gebrauchen wissen werden, damit von keinem derselben dasjenige, was zu seinem eigenen penso hauptsächlich gehöret, versäumet und unterlassen werde."

Bök, Geschichte der Eberhard-Karls-Universität zu Tübingen (1773), schreibt (S. 280): „Was die Vorlesungen betrifft, so ist jeder ordentliche Professor verbunden, über die ihm besonders anvertraute Disciplin täglich eine öffentliche Vorlesung zu halten und theils in einem halben, theils in einem ganzen Jahr zu die Disciplin vollenden. Unbemittelte Studirende können auf diese Art die Hauptwissenschaften, nach eines jeden Bestimmung unentgeltlich hören, und durch hinzukommende Besuchung weniger Privatvorlesungen ihre ganze Absicht erreichen. Dass auch für diese im Fall der wahren Dürftigkeit die Honorarien nachgelassen werden, ist vorauszusezen."

Eine neue Taxe der Kollegiengelder setzt der Herzog im Reskript vom 11. März 1796 fest. Danach sollen kosten: tägliche theologische Collegia per semestre 4 fl.; juristische und medizinische 10, aber Experimentalchemie 15, Vorlesungen aber, die wöchentlich nur zwei- bis dreimal gehalten werden, 6 fl.; tägliche philosophische Collegia 5, die andern 4 fl. Sind aber weniger als 10 Zuhörer vorhanden, so repartieren die unter sich 50 fl.

Die Honorare kassierten die Professoren persönlich ein; erst 1808 lässt ein königlicher Erlass dies durch den Universitätssekretär mit Hülfe des Pedellen geschehen. Zu dem Zweck soll jeder Professor das Verzeichnis seiner Subskribenten innerhalb drei Wochen nach Anfang der Vorlesung einreichen bei Vermeidung des Verlusts der Forderung.

Der Ministerial-Erlass vom 3. März 1820 ändert hieran nur dies, dass erstens die Person des Universitätssekretärs wieder ausgeschaltet wird, so dass der Pedell selbständig als Kollektor auftritt, und dass die Zahlungsfrist auf sechs Wochen bemessen wird.

Jede weitergehende Stundung des Honorars ist seit 1808 ausgeschlossen, dagegen ist es den einzelnen Lehrern überlassen geblieben, ob sie armen Studierenden Erlass gewähren wollen oder nicht.

Die Gesetzgebung des 19. Jahrhunderts hat sich übrigens merkwürdiger Weise nicht mehr mit der Frage, ob Collegia publica oder privata den Vorrang haben sollen, beschäftigt. Die organischen Gesetze von 1811, ferner das noch heute giltige organische Statut von 1829 nebst der Revision von 1831 berühren die Vorlesungen gar nicht. Nach den Vorlesungsverzeichnissen aber zu urteilen, sind die öffentlichen Vorlesungen bei den Juristen und den Medizinern schon seit dem Anfange dieses Jahrhunderts, bei den Theologen und den Philosophen seit Anfang des vierten Jahrzehntes ausser Übung gekommen. Die Vorlesungen werden im allgemeinen ohne jeden unterscheidenden Zusatz angezeigt, und höchst selten begegnet man noch einer ausdrücklich so genannten öffentlichen Vorlesung. Es ist also in Tübungen zur Regel geworden, die Vorlesungen als bezahlbare anzusehen, und in dieser Voraussetzung bestimmt §. 15 der Statuten für die Studierenden vom 4. Mai 1859, dass jeder „wenigstens zwei Vorlesungen in jedem Semester" zu besuchen habe. Der § 16 setzt dann gleich hinzu: „Die Kollegien-Inskription geschieht durch Einzeichnung in die von dem Lehrer vorgelegte Zuhörerliste". Dass die Kollegiengelder binnen sechs Wochen pränumeriert werden sollen, besagt die Ministerial-Verfügung vom 12. Oktober 1865. Die Zwangsmassregel zu ihrer Beitreibung bildet hier nicht richterliche Klage, sondern zeitweilige Verweisung von der Universität. Endlich ist noch zu bemerken, dass statt der alten Taxe von 1796 eine neue im Jahre 1874 auf Grund königlicher Entschliessung eingeführt wurde.

Österr. Universitäten. Ich will nun, bevor ich mich zu den Universitäten Mittel- und Nord-Deutschlands wende, mit ein paar kurzen Worten österreichischer Universitäten gedenken. Die Hauptsache sind auch hier immer und zwar bis in die Mitte des 19. Jahrhunderts die öffentlichen Vorlesungen der besoldeten und ordentlichen Lehrer gewesen; die Privatkollegs oder Repetitionen oder ausserordentlichen Vorlesungen waren ihnen untergeordnet.

Honorarzahlung seitens der Studierenden geschah in Wien nach den Statuten von 1389*) noch für die Juristen, später ist nicht mehr davon die Rede. Die Taxe der artistischen Vorlesungen findet sich in den Statuten dieser Fakultät vom selben Jahre (Kink II, 213), sie wurde erst abgeschafft im Jahre 1554 durch die neue Reformation Ferdinands I. Darin heisst es nämlich (Kink II, 383): „Quum denique liberalitate munificentiaque nostra Regia proventus Universitatis et Stipendia professorum clementer auxerimus, hinc Statuimus et Volumus, libros pro Baccalaureatus et Magisterij gradibus complendos omnino gratis praelegendos testimonialesque desuper pariter gratis dandas."

Natürlich wurden ausser den ordentlichen, d. h. zur Completio cursus notwendigen öffentlichen Vorlesungen noch andere gehalten, teils von den Professores publici selbst, teils von Doktoren, die der Fakultät aggregiert waren. Von den letzteren heisst es in den Statuten der juridischen Fakultät von 1703 (Kink II, 500): „Doctores actuales in Facultate privatas repetitiones habendi jure gaudeant." Sie waren aber verpflichtet ebenso wie die Professoren, die solche Repetitionen hielten, ihre Schüler zur Immatrikulation anzugeben (Kink II, 508). In der von Seiner Majestät vorgeschriebenen neuen Einteilung der Lehrgegenstände in den vier Fakultäten von 1790 wird zwischen ordentlichen und ausserordentlichen bestimmt geschieden. „Die Kollegien über die ausserordentlichen Lehrgegenstände müssen zu solchen Stunden gelesen werden, dass sie sich mit den Vorlesungen der ordentlichen Lehrgegenstände nicht kreuzen und von jedem Schüler besucht werden können." Honorarfestsetzungen habe ich hier nicht gefunden.

Scharf betont wird aber die Unterordnung der ausserordentlichen Vorlesungen und Privatkollegien in der „Nachricht von einigen Schul- und Studienanstalten in den österreichischen Erblanden. Innspruck 1791." Hier lautet §. 17:

„b) Die öffentlichen Lehrer und besonders diejenigen, welche schon durch einige Jahre ordentliche Vorlesungen über eine Wissenschaft gehalten haben, sollen über besondere Zweige ihres Lehrfaches ausser-

---

*) Kink, Gesch. d. Univ. Wien, II, 151.

ordentliche Vorlesungen halten, für welche ihnen das von den Zuhörern zu entrichtende Kollegiengeld bewilligt wird.

c) Da die Privatkollegien und Repetitionen, welche einige öffentliche Lehrer ganz planwidrig, in ihrer eigenen Wohnung für Geld zu halten sich in den Sinn kommen liessen, den Schülern die öffentlichen Vorlesungen geringschätzig zu machen, ja wohl gar zur Vernachlässigung derselben Anlass geben, dem Lehrer aber die zur eigenen Ausbildung zu verwendenden Freystunden entziehen; so soll allen öffentlichen Lehrern und Professoren ernstlich untersagt werden, über Gegenstände ihres ordentlichen Lehrfaches Privatkollegien oder Repetitionen bei sich zu halten. Von diesem Verbothe werden jedoch die Lehrer der orientalischen Sprachen und der griechischen Sprache, weil diese einer grösseren Unterstützung und Aufmunterung bedürfen, ausgenommen."

Ähnlich sagten schon die Salzburger Statuten von 1654*) bezüglich der Juristen: „Circa privata Collegia observandum primo, ut nullus studiosorum ad ea admittatur, qui Lectiones publicas non frequentaverit. 2do ut quamvis omnis Facultatis Professores possint habere ejusmodi Collegia, ea tamen subordinata sint, quantum fieri potest."

In gleichem Sinne äussert sich — um nun auf Mitteldeutschland überzugehen — ein Visitationsdekret der Universität Jena von 1669.**) Darin steht:

Jena.

§ 8. Die Lectiones publicae sind also anzustellen, dass kein Professor dem andern in seine Facultät, Profession, lection und Stunde falle, noch Eingriff thue . . .

§. 9. So wenig nun ein solches denen Professoribus zu verstatten, also ist viel weniger andern, die in Professorio munere nicht constituiret dergleichen nachzusehen. Denn obwohl denen Doctoribus, Licentiatis, Doctorandis, Magistris und gelehrten Studiosis Collegia privata lectoria und disputatoria zu halten nicht verwehret wirdt, So hatt doch dieses sein gewisses Ziel und Maasse, also dass sie in der Stunde, darinnen ein Professor derselben Facultät lieset und über den Autorem, welchen ein Professor unter Handen hatt, zugleich kein Collegium halten soll. So sollen auch die Doctores, Licentiati und Doctorandi juris weder das jus publicum, noch wann sie keine Magistri promoti, in Politicis, Historicis oder andern

---

*) S. Urkunden über die Entstehung und Verfassung des Gymnasiums und der hohen Schule zu Salzburg. 1808. 8.

**) Abschrift in der Münchener Univ.-Bibliothek. Cod. Ms. 753 fol.

Philosophicis dociren. Wass aber die Adjunctos Facult. Philos. betrifft,
|: derer zum wenigsten 4. zu bestellen und aufzunehmen, welche Collegia
würklich halten :| so mögen dieselben gleich denen Professoribus selbiger
Facultät, als die an eine Disciplin mit privat Collegiis nicht
gebunden, dergleichen exercitia lectoria auch ohne sonderbahre Ver-
laubnuss anstellen . . . .

§. 11. Ist alles fleissig dahin zu trachten, damit durch die privata
Collegia die Studiosi von denen publicis lectionibus nicht abgeführet und
abgehalten, und was billich publice zu tractiren, aus Gewinnsucht zu
Collegiis privatis gezogen werde . . ."

Hieraus ist zu ersehen, dass man in Jena auch noch nach dem 30jähr.
Kriege die öffentlichen Vorlesungen als die Hauptvorlesungen festgehalten
wissen wollte. Übrigens sind weder die Statuten von Jena, noch die verschiedenen Visitationsbescheide veröffentlicht, wie denn überhaupt die Geschichte dieser Universität noch ganz unbearbeitet daliegt. Dass hier
aber von jeher, besonders seit dem 17. Jahrhundert, fleissig mit Privatkollegs und wahrscheinlich den Statuten zuwider gewirtschaftet worden
ist, dafür spricht abgesehen von den Lektionskatalogen mancherlei.

Zunächst gehörte Jena zu denjenigen Universitäten, deren Stifter den
Wahlspruch befolgten: Ut desint vires &c. Von ihren dürftigen Besoldungen konnten die Professoren nicht leben, sie mussten sich also auf
Privatkollegia verlegen.*) Für diese bestand aber jedenfalls auch bei der
ausserordentlich starken Frequenz dieser Universität während des 17. Jahrhunderts ein Bedürfnis unter den Studierenden. Tholuck**) berechnet
die Durchschnittsfrequenz auf 1200, die natürlich im letzten Dezennium
des grossen Krieges sehr herunterging. Zur Zeit der Ausrottung des
Pennalismus aber, um 1660, zählte die Universität wieder über 2000
Studierende. Was die Studenten nach Jena zog, war nicht bloss die
Wohlfeilheit des Lebens daselbst, nicht bloss der Ruf der Lehrer, sondern
vor allem auch die akademische Freiheit des „Bruder Studium", die nach
den liberalen Einrichtungen Johann Friedrichs des Grossmütigen nirgends
ausgedehnter war als in Jena.***)

Unter der Menge der Studierenden, von denen ja wohl sehr viele
nicht studierten, werden aber sicher solche auch gewesen sein, die des

---

*) Michaelis, Räsonnement über die protest. Univ. II, 11.
**) Das akad. Leben des 17. Jahrh. (1853). II, 63, 67.
***) Vgl. Keil, Gesch. des Jenaischen Studentenlebens. 1858. Erster Abschnitt.

Privatunterrichtes bedurften (bestand doch auch hier, wie an allen Universitäten Melanchthonscher Stiftung oder Reformierung, das Institut der praeceptores privati), und sicher auch viele, die dem Privatunterricht in Kollegien den Vorzug gaben und ihn auch gut bezahlen konnten. Demnach ist es nicht verwunderlich, dass die Revisóren im Jahre 1696 den Professoren die Gewissensfrage vorlegten, ob sie nicht um ihres Interesses willen die privata den publicis vorzögen.*)

Aus den Lektionskatalogen nun kann man ersehen, wie die Privatkollegia allmählich einsetzen, zunehmen und die öffentlichen Vorlesungen überflügeln. Jena ist meines Wissens die erste deutsche Universität, die regelmässige und zwar halbjährliche Vorlesungsverzeichnisse herausgab. Es geschah dies schon seit 1591 auf Grund einer in den Statuten desselben Jahres gegebenen Verordnung.**) Aus früherer Zeit besitzt die Universitätsbibliothek in Jena nur einen undatierten Katalog von 1564 oder 1565, den auch Tholuck (I, 96) erwähnt.

Diese Verzeichnisse enthalten zunächst nur die öffentlichen Vorlesungen. Noch in der zweiten Hälfte des 17. Jahrhunderts lautet der Kopftitel: Designatio lectionum publicarum, obwohl da auch schon Privatkollegs angezeigt werden. Diese ordentlichen Vorlesungen sind jedenfalls wie überall vierstündig gewesen. Daneben kommen anfangs einzelne ausserordentliche Vorlesungen vor, wahrscheinlich an den beiden übrigen Wochentagen, den diebus extraordinariis, gehalten. So beim Juristen Stromer von 1591 bis 1600, bei den Theologen Reudenius und Debelius 1606, deren ordentliche Vorlesung vierstündig angezeigt wird, während die ausserordentliche zweimal gehalten wird. Das waren also sechs öffentliche Wochenstunden. Von Privatkollegs ist zum erstenmale in der Schlussbemerkung des Lektionskatalogs vom Sommersemester 1606 eine Andeutung zu finden, die lautet: „Exercitia, quorum superius mentio facta, accedent Deo fortunante in omni disciplinarum genere & publicae & privatae Disputationes ac Declamationes sapientiam alentes & eloquentiam augentes."

Der Privatunterricht wurde also zunächst wesentlich nach der beliebten Disputiermethode gehalten. Der Theologe Piscator zeigt 1606 zuerst neben seinen pflichtmässigen öffentlichen Disputationen auch private an.

---

*) Tholuck, a. a. O. I, 75.
**) Um eine Vorstellung zu geben von der Beschaffenheit älterer Lektionskataloge, füge ich in der Beilage B den ältesten Jenenser Halbjahrskatalog vom Winter 1591 an.

Zu ihm gesellt sich in den folgenden Jahren der Philolog Thomas Sa-
gittarius. Dieser nennt seine freiwilligen Disputationen 1607 extraordinarias,
im Gegensatz also zu den vorgeschriebenen ordinariis, von 1608 an aber
gebraucht er die Bezeichnung privatae. Eine Zeit lang unterbleibt dann
die Ankündigung der exercitia privata in den Lektionskatalogen, die also
entsprechend der Überschrift nur die öffentlichen Lektionen enthalten, seit
1601 übrigens unter Wegfall der Zeitangaben. 1620 kündigen wieder
zwei Theologen, Gerhard und Himmel, Privatdisputationen an, „ad quas
tamen omnibus patebit accessus," die also wohl gratis gehalten wurden.
1621 tritt dazu der Mediziner Eusebius Schenk ,mit der Anzeige: „Disputationes insuper publice privatimque per omnes Medicinae partes in-
stituet." Derselbe offeriert 1625 ein chemisches Praktikum, jedenfalls
privatim, mit den Worten: „ad chymicas etiam ἐγχειρήσεις ... Studiosis
... aditum patefaciet, si qui aliquid impensarum conferre non
recusaverint." Ferner liest Sal. Glass öffentlich Hebräisch und Griechisch
„privata interim exercitia haudquaquam neglecturus".

So geht das fort. Der Lektionskatalog von 1630 enthält immer noch
nur die öffentlichen Vorlesungen. Zwei Theologen und zwei Philosophen
bieten daneben private Disputationen und Redeübungen an. Z. B. M.
Phil. Horst παθολογίαν & ἠθολογίαν Oratoriam ... pertexet: aperturus
unà praxeos oratoriae privatos intra parietes Collegia, modo sint, quibus
exercitationes oratoriae non sordeant."

Gleichwohl werden nun doch allmählich auch Privatlektionen neben
den öffentlichen stattgefunden haben. Sie wurden, wenn die Initiative dazu
von den Lehrern ergriffen wurde und nicht von den Studenten ausging,
in besondern Programmen, schedulis, invitatoriis, angekündigt. So liegt
mir eins vor vom Juristen Andreas Ramdohr aus dem Jahre 1642, es ist
sein Antrittsprogramm, in welchem er sein offizielles Publikum: de V. S.
& R. J. titulos aus den Pandekten anzeigt mit dem Zusatz: „Privatos
autem intra parietes Imperiales Institutiones omni, qua debeo, fidelitate
exponam, solidiora Jurisprudentiae principia oretenus traditurus."

Um die Mitte des Jahrhunderts erscheinen die Privatvorlesungen allmählich in den Lektionsverzeichnissen. So liest Joh. Musäus privatim 1650
über die Formula Concordiae; Juristen halten Exercitia lectoria-disputa-
tatoria; der Hebräer Frischmuth „privatim quoque Collegia, quoad ejus
fieri poterit, continuabit;" der Philosoph Daniel Stahl hält noch immer
sein 1623 begonnenes Collegium logicum disputatorium.

Meist sind die Privatkollegs also noch Disputierübungen, unserm heutigen Seminarübungen vergleichbar. 1665 kommen aber schon mehr Privatlektionen vor. Es liest z. B. Joh. Jac. Avianus über Hugo Grotius de jure belli et pacis ein Privatkolleg. Andere Privatvorlesungen betreffen Orientalia, Mathematik (Erh. Weigel), Physik und neuere Sprachen.

1672 liest Ern. Friedr. Schröder die Pandekten öffentlich („eo laborabit ut explicationi Pandectarum imponatur finis"), gleichzeitig aber lässt er sie privatim kursorisch durchdisputieren („privatim vero illas ipsas Pandectas disputabit"). Andere erbieten sich im allgemeinen z. B. mit folgender Wendung: „Neque deerit desideriis studiosorum, modo quid ab eo doceri velint, intellexerit."

Anfang des 18. Jahrhunderts trägt der Katalog nicht mehr die Benennung: Catalogus lectionum publicarum, sondern bloss noch Catalogus lectionum. Neben den vierstündigen öffentlichen Vorlesungen — wer weiss, ob sie immer gehalten worden sind! — werden weit mehr private angeboten.

So liest 1709 Buddeus publ. von 3—4 h über die Paulinischen Briefe, priv. von 9—10 Theologia thetica und von 5—6 über die prophetischen Bücher A. T. Der Historiker Struve öffentlich Geschichte des gegenwärtigen Krieges, privatim aber von 11—12 h Rechtsgeschichte, von 2—3 Universalgeschichte, von 6—7 Heraldik, ferner Mittwoch und Sonnabend von 6—7 über Zeitungen (de novellis relationibus) und endlich „si tempus permittet, prudentiam peregrinatoriam."

Es erübrigt sich nunmehr, die Vorlesungskataloge weiter zu verfolgen; die Privatkollegia haben das Feld erobert und behaupten es.

Eine Honorarienordnung findet sich im 17. Jahrhundert noch nicht. Doch macht die juristische Fakultät in einem Programm vom 7. Juli 1681 die Eintreibung rückständiger Honoraria zur Fakultätssache, indem sie verheisst, gegen den eingerissenen schändlichen Undank, „wann sonderlich dissfalls von denen Doctoribus conformität gehalten wird," mit öffentlicher Zitation und weiter in contumaciam vorzugehen.

Was für die Kollegien damals bezahlt worden ist, belegt Tholuck mit einigen Beispielen. Der Philosoph Hebenstreit erklärt, für ein collegium theol. 2 Thaler zu nehmen, für ein philos. unius disciplinae 1 Thaler, für ein pansophicum, welches er in drei Semestern und alle Tage 2 Stunden gelesen, habe er von 18 Zuhörern 200 Thaler empfangen. Der Theolog Veltheim giebt an: für ein privatum von ¾ Jahren bekomme er gewöhnlich 2 Rthlr. u. s. w. Dagegen soll der Jurist Lyncker wahrhaft Bolognaer Preise genommen haben, nämlich 1200 Thaler für ein Kolleg, so dass auf den einzelnen Theilnehmer zuweilen 100 Thaler gekommen seien. Man kann hiernach vielleicht als gewöhnlichen Satz für ein vierstündiges Halbjahrskolleg 1 ½ Thaler annehmen, doch scheint daneben die Vereinbarung eines Gesamthonorars nicht ungewöhnlich gewesen zu sein, da sie noch in den Honorarienordnungen des 18. Jahrhunderts vorkommt.

Die erste von der Universität erlassene Honorarienordnung datiert nach Schmid*) vom Jahre 1720. Die nächste „Erneuerte Verordnung, wie es mit Bezahlung der Collegiorum in Zukunft zu halten" ist vom 4. Oktober 1744. Sie liegt mir in einem Sonderabdruck vor.**) Da ihr Inhalt im wesentlichen übereinstimmt mit der folgenden, so gehe ich nicht näher darauf ein. In der ähnlich betitelten erneuerten Verordnung der Fürstlichen Sächsischen gesammten Universität zu Jena, wie es mit Bezahlung und Lesung der Collegiorum in Zukunft zu halten, vom 3. Mai 1756,***) wird bestimmt: Jeder Zuhörer solle das gewöhnliche oder nach Gelegenheit der Umstände sonst veraccordierte Honorarium entweder sofort baar erlegen oder doch zu dessen Entrichtung einen gewissen Termin setzen, der sich aber nicht über ein Vierteljahr nach dem Anfange des Collegii erstrecken dürfe. „Zu diesem Ende verordnen wir dass keiner von den Zuhörern soll gehalten sein, seinen Namen in einem Collegio eher aufzuschreiben, als nach Verfliessung zweier Wochen von dem Anfange des Collegii an gerechnet. Ferner, dass ein jeder Docens sogleich nach Verfliessung des ersten Vierteljahrs . . . diejenigen Zettel, auf welche die Namen seiner Zuhörer sind geschrieben worden, im Original der zu diesem Ende niedergesetzten Commission zu Eintreibung des noch rückständigen Honorarii sofort ohne Ausnahme übergeben soll. In Ansehung der Collegiorum, welche ein Jahr dauern, soll das veraccordirte Honorarium in zwei Theile vertheilt werden so, dass in dem ersten zuvor festgesetzten Termin die eine und in dem andern Termin die andere Hälfte einzutreiben."

Wer ein Kolleg zum zweiten Male hört, soll die Hälfte des gewöhn-

---

*) Verfassung der Gesamtakademie zu Jena. 1772. S. 256.

**) In einem Sammelband der Jenaer Universitäts-Bibliothek: Hist. lit. VI. f. 12.

***) Loeber, Repertorium reale . . . der in das Herzogthum Weimar . . . seit 1700 bis 1782 . . . ergangenen Landes-Gesetze. 2. Th. Jena 1785. 8. S. 344 f.

lichen Honorars bezahlen, „es sei denn, dass der Dozent ihm diese Repetition aus erheblichen Ursachen freigegeben."

„Damit aber kein Studiosus Armuts halber an der Erlernung derer zu seinem Zweck nötigen Wissenschaft hierdurch gehindert werde, so soll es allen Docenten frei bleiben, diesem ihre Collegia gratis zu geben." Jedoch muss der betreffende Student sich erst vom Prorektor unter Nachweisung seiner Verhältnisse ein Armutszeugnis erbitten, ohne welches kein Dozent bei zehn Thaler Strafe das Kolleg frei geben darf. Es freizugeben ist aber auch so nicht verbunden.

Diese Verordnung erhielt im wesentlichen ihre Bestätigung seitens der hohen Herren Erhalter durch ein Patent vom Jahre 1769.[*]) Einige Punkte werden bestimmter gefasst. So sagt Art. 2, dass die Honoraria für Privatvorlesungen und für den Unterricht in Sprachen und Exercitiis gegen das Herkommen nicht erhöhet werden sollen. (Die Regierung fixiert also das Honorar.) Art. 8 bestimmt: Privatkollegia sollen solchen Studenten, welche gerichtliche Zeugnisse ihrer Armut beibringen, auf ihr bittliches Nachsuchen frei gegeben werden. Indes ist dieser Erlass nur temporär, also mehr Stundung. Denn, wie es weiter heisst, „solche armen Studenten sollen auch, wenn sie zumal Landeskinder der Fürstlichen Herren Erhalter sind, Reverse ausstellen, dass sie, wenn sie in der Folge zu bessern Vermögensumständen kommen würden, die Honoraria nachzahlen wollten." Nach Art. 9 hat der Rektor die Honorare beizutreiben und den Schuldner unter Umständen bis zur Bezahlung ins Karzer zu setzen. Die Namen der Undankbaren aber sollen, sobald ihrer zwölf beisammen sind, vier Wochen lang am schwarzen Brett angeschlagen werden. Hilft Alles nichts, so soll schliesslich an die Höfe berichtet werden.

In der Verordnung von 1744 war die tabula oder der catalogus ingratorum zuerst eingeführt worden für diejenigen Studierenden, die bereits vor Anhängigmachung der Honorarschuld bei der Kommission die Universität verlassen hatten; die noch anwesenden Schuldner wurden mit Personal- und Sacharrest verfolgt. Die Namen jener wurden ein Vierteljahr lang am schwarzen Brett angeschlagen. Wer dann seinen Namen nicht durch Entrichtung der Honorare gelöscht hatte, wurde relegiert, und die Sache in sein Vaterland an die Landesregierungen und Konsistorien

— 53 —

gemeldet. Letzteres geschah durch ein gedrucktes Patent, das wahrscheinlich auch an andere Universitäten verschickt wurde. Mir liegen eine Anzahl
solcher „Steckbriefe" aus den Jahren 1745 bis 1747 vor in gleichlautendem
Text.*) Gleich das erste vom 11. Juli 1745 enthält nicht weniger als 65 Namen
von Honorarflüchtigen, im Herbst 1745 sind es 26, im Mai 1746 wieder 26,
im Februar 1747 ist die Zahl wieder auf 40 gestiegen, u. s. w. Man
sieht doch, dass die öffentliche Brandmarkung nicht Jeden schreckte..
Bemerkenswert ist übrigens in jenem Patente die Klage der Professoren,
dass sich die Gesetzgeber, soll heissen der Staat, zwar um alle möglichen
weit leichteren und weniger häufigen Delikte kümmerten, jedoch kein
Gesetz gegen die undankbaren Studenten erliessen. Ich finde in dieser
Zurückhaltung des Staates einen Beweis mehr für meine Behauptung, dass
die Privatkollegia bis zum 18. Jahrhundert eben Privatunterricht, kein
offizieller Universitätunterricht waren. Im letztern Falle würde der Staat wohl
schon früher in das Honorarwesen eingegriffen haben.

Seit 1817 besorgt der akademische Quästor die Einziehung der
Honorare. Die von Carl August in diesem Jahre erlassenen Gesetze für
die Studierenden der Gesamt-Akademie in Jena**) setzen in §. 33 fest:
„Die Bezahlung des Honorars geschieht nach den Bestimmungen des Auf-
schreibezettels. Dieses mit dem Namen des Lehrers und der Angabe des
Honorarbetrags zu versehende Verzeichnis wird dem akademischen Quästor
zugestellt, welcher für Einkassierung der Honorare und Ablieferung derselben an die Lehrer zu sorgen, auch nötigenfalls den Universitäts-Amt-
mann zur Beitreibung anzurufen hat." Und in § 34 heisst es: „Von Bezahlung des Collegien-Honorars sind diejenigen entweder zur Hälfte oder
ganz befreit, welche akademische Armutszeugnisse erlangt haben."

Die hergebrachte vierteljährige Zahlungsfrist scheint hier noch beibehalten
zu sein, da nichts Anderes verordnet wird. Wurde sie nicht innegehalten,
so trat nach § 123 an die Stelle jeder andern Exekutions-Massregel die
feierliche Abnahme des Ehrenwortes, die Schuld binnen einem halben Jahre
zu berichtigen. Auf das Brechen des Ehrenworts stand nach §. 108 ver-
schärfte Relegation. Im Jahre 1820 aber beschlossen die hohen Erhalter
die Vorausbezahlung der Kollegiengelder.***)

Neue Statuten gab sich die Universität im Jahre 1829; sie sind 1883

*) Vgl. Beilage C.
**) Eichstadius, Annales academiae Jenensis. 1823. S. 197 f.
***) Eichstadius a. a. O. S. 218.

unter Berücksichtigung der inzwischen ergangenen Reskripte und Senats-
beschlüsse wiederholt abgedruckt worden. Man sucht darin vergeblich
nach der alten Scheidung zwischen öffentlichen und Privatvorlesungen
und nach einer Verpflichtung zur Abhaltung jener. Das fünfte Kapitel,
welches von den Vorlesungen handelt, definiert in § 46 nach Art der
Berliner Statuten von 1816: „Vorlesungen bei der Universität sind alle
diejenigen Vorträge, welche, vermöge des der Universität verliehenen
Rechtes, unter dem Schutze derselben gehalten und deshalb in dem Lektionsverzeichnisse sowie am schwarzen Brete angekündigt werden." Ob von
diesen welche öffentlich, d. h. unentgeltlich gelesen werden, hängt allein
vom Ermessen der Fakultäten ab. Denn § 50 lautet: „Die Bestimmung
des Honorars für die Vorlesungen bleibt vor der Hand und bis zu einer
darüber etwa erfolgenden gesetzlichen Bestimmung, dem Ermessen des
Lehrers lediglich anheimgestellt; jedoch ist 1) die Annahme eines Honorars im Ganzen (Kollektivhonorars) durchaus verboten und ist es 2) den
Fakultäten (einer jeden in ihrem Unterrichtsgebiete) vorbehalten, a) ein
Minimum des Honorars festzusetzen, b) zu bestimmen, welche Kollegien
öffentlich (unentgeltlich) gelesen werden dürfen, welche nicht."
    Dass für den einzelnen Lehrer noch eine gesetzliche Verpflichtung
besteht, unentgeltlich zu lesen, kann hieraus nicht geschlossen werden.
Vielleicht aber wird darin noch eine Anstandspflicht gesehen und befolgt.
Jedenfalls aber gehören seit 1829, wie die Lektionsverzeichnisse darthun,
Publica zu den Seltenheiten und beschränken sich neuerdings so ziemlich
auf die Seminarübungen. Der Honorarerlass in Ansehung der dürftigen
Landeskinder der fürstlichen Erhalter bleibt bestehen, doch ist von einem
Rezess mit der Verpflichtung späterer Bezahlung nicht mehr die Rede.
Verbunden zum Erlass sind nur die ordentlichen Professoren, und
Anspruch darauf haben in der Regel*) nur die Landeskinder, wenn sie
ein akademisches Armutszeugnis erlangt haben. Diese Zeugnisse müssen
in jedem Semester erneuert werden. Je nach den Umständen wird ganzer
oder halber Erlass bewilligt. Kollegzwang besteht insofern, als jeder Studierende verpflichtet ist, mindestens eine Privatvorlesung zu subskribieren.
    Das ist nun überhaupt charakteristisch geworden für das 19. Jahr-
hundert, dass die Studierenden das akademische Bürgerrecht nur geniessen
unter der Bedingung der Annahme (weniger des Besuches) einer Privat-

---

*) Vgl. Gesetze für die Studierenden von 1824 § 39, von 1857 § 33 und Statut
vom 30. Sept. 1879 § 21.

-vorlesung, während sich in früherer Zeit der Zwang (der freilich nur den Stipendiaten und Konviktoristen gegenüber durchgesetzt werden konnte) auf den Besuch der öffentlichen Vorlesungen erstreckte.

Dass die fälschlicherweise noch so genannten Privatkollegia in den öffentlichen Hörsälen der Universitäten gehalten werden, ist auch erst eine Errungenschaft des 19. Jahrhunderts. Denn wie schon gesagt wurde, hiessen sie¦ Privatkollegia darum, weil sie nicht im Auditorium der Fakultät — jede Fakultät hatte ihr besonderes Auditorium —, sondern nur in der Privatwohnung des Lehrers gehalten werden durften. Etwaige Übergriffe wurden gedämpft. Ein interessantes Beispiel hierfür bietet der Streit zwischen den beiden Juristen Donellus und Giphanius in Altdorf um 6. **Altdorf** 1589, von dem uns Stintzing erzählt,*) wie folgt:

„Im Mai 1589 kündigte Giphanius ‚privatas lectiones in jure um ein ziemlich Besoldung' an. Da dies gegen die Universitäts-Ordnung**) war, so untersagte es ihm der Scholarch Paumgartner. Auf seine Remonstration beschliessen die Scholarchen Donellus um ein Gutachten zu bitten, welches am 4. Juni 1589 vorgelegt wird. Das Protokoll lautet:

Uff Herrn D. Donelli beantwortlich Schreiben, betreffendt Herrn D. Giphanii neulicher Zeit angestellte privatas lectiones in Jure, in welchem Schreiben vermeldet wurdt, dass D. Giphanius Unrecht gehandelt 1) indem er solche Lectiones neuerlicher Weiss contra leges angestellet 2) dass er solche umb Gelts willen angestellet 3) daz er durch Mittelpersonen Ihme die Auditores anhänglich gemacht. Solch des D. Giphanii fürnemen aber sey schedlich, dan dardurch die studiosi von den publicis lectionibus abgehalten werden, zudeme, daz solches zu einer Faction leichtlich gereichen möchte, so sey Ihme D. Giphanio unmüglich solche Lection mit geburlichem Fleiss zu verrichten. Und da solch Privat lesen Herrn D. Giphanii Fürgeben nach der Universität so nutz seyn und zu aufnemen gedeien sollte, warumb er solches vor Herrn D. Donelli zukunft nicht in das werckh gerichtet, da die schuel etwas geringer gewesen, als annitzo .... Es hätte auch solch fürnemen uff andern Academiis, sonderlich zu Heidelberg, allerlei mutationes gemacht, darumb were es gutt, dass solch Privat lesen underlassen und abgestellt wurde .... Hergegen hat D. Giphanius ein Schreiben an Herrn Paumgartner gethan, in welchem er sein fürnemen

---

*) Hugo Donellus in Altdorf. Erlangen 1869. 8. S. 63 f.
**) Der Ordo sive brevis descriptio praelectionum von 1589 gedenkt auch noch mit keiner Silbe der Privatkollegs.

gar stattlich beharret mit dem fürgeben, daz ihme unmüglich die privatas lectiones einzustellen, dan sich seiner Auditorum etliche vernemen lassen, da solch Privat lesen eingestellt werden sollt, dass sie aintweder sich gar von dannen begeben oder D. Donellum nimmermehr hören wollten &c. Das lesen im Collegio seye umb folgender Ursachen willen von Ihme fürgenommen worden 1) dass er in seinem Haus keinen Platz habe 2) damit er durch solch Lesen in publico Auditoris der Schul einen Beruff mache, 3) damit frembde Leut, so das Collegium in derselben Stundt besehen, jemands finden, der lieset, dan zur selben Stundt sunsten Niemandt liese 4) dieweil es uff andern Universiteten auch gebräuchlich sey . . . ." U. s. w.

Die Scholarchen erkannten indes, dem D. Giphanius seine Ungebühr zu verweisen und ihm ihr Missfallen anzuzeigen. Er habe sich post ferias und wann die Lectiones wiederum angehen, des Privatlesens im Auditorio zu enthalten.

Wie sich in Altdorf das Vorlesungswesen entwickelt hat, lässt sich in den Lektionskatalogen einigermassen verfolgen. Wie überall ist der Lehrkursus zunächst jährig und auf durchschnittlich vierstündige öffentliche Vorlesungen zugeschnitten. Nach dem 30jährigen Krieg beginnen die Privatkollegs hervorzutreten, und im 18. Jahrhundert behaupten sie in Halbjahrskursen das Feld. So wenig selbständig sonst die Universität als Korporation in disziplinarer und verwaltungsrechtlicher Hinsicht war — stand sie doch unter dem Kuratel eines eigenen vom Nürnberger Rat bestellten Scholarchats —, so ist es doch merkwürdig, dass die Aufsichtsbehörde auf die innere Ordnung und äussere Gestaltung des Unterrichts anscheinend keinen bestimmenden Einfluss ausgeübt hat, nachdem die Entwickelung der Universität einmal eingeleitet war. Visitationsrezesse und damit verbundene Neuordnungen, wie sie an andern Universitäten häufig waren, finden sich hier nicht.

Im Ordo sive brevis descriptio praelectionum von 1589 ist nur von öffentlichen Vorlesungen die Rede. Die drei Theologen lesen viermal wöchentlich bezw. dreimal. Von den vier Juristen liest nur Giphanius fünfstündig (leges Codicis difficiliores), die andern vierstündig, Donellus z. B. das Jus civile. Der Privatlektionen, die zu dem Streit zwischen Giphanius und Donellus Anlass geben, wird im genannten Ordo nicht gedacht. Von den beiden Medizinern liest der Theoreticus Taurellus zweimal Galen, der Practicus Scherb dreimal Hippokrates; jedoch treten die beiden auch noch in der philos. Fakultät mit vier bezw. drei Lehrstunden auf. Hier steht auch der erste theologische Ordinarius noch als Professor für Hebräisch mit drei Stunden. Von den übrigen drei Philosophen hat Matth. Berg eine Doppelprofessur für Aristotelische Philosophie und lateinische Sprache, liest also achtmal, die beiden andern (Mathematiker und Grieche) lesen sechsstündig.

Es fehlen nun im Nürnberger Rats-Archiv die Vorlesungsverzeichnisse bis 1643. Für das Schuljahr 1643/44 liegt vor der Syllabus lectionum atque exercitiorum publicorum & privatorum. Der Inhalt zeigt, dass die lectiones scil. publicae die Hauptsache waren und die exercitia privata wesentlich nur in Übungen bestanden. Über die Bedeutung der exercitia publica belehrt ein den Vorlesungsverzeichnissen regelmässig angehängter Schlusssatz: „Habebuntur praeterea ex Superiorum munificentia, citra ullum Studiosorum sumtum, quavis hebdomade Disputationes, quas vocant Circulares*) . . . necnon singulis mensibus exercitia Oratoria." Als Beispiel, wie die Professoren ankündigten, gebe ich folgendes. Der Institutionist Joh. Kobius zeigt an: „De integro interpretationem Institutionum Juris . . . auspicabitur [atque] eam intra legibus statutum tempus vel eo citius ad finem perducet. Idem privatas quoque operas oitra tamen publioarum fraudem sive in explicandis sive disputandis juris principiis studiosae LL. juventuti offert & spondet."

Im Lektionsverzeichnis von 1648 hält derselbe Kobius neben seinen öffentlichen Vorlesungen über die Institutionen ein Collegium Institutionum lectorium und will damit auch ein disputatorium verbinden.

Die Einrichtung der Privatkollegs ermöglichte auch den doppelten Vortrag desselben Gegenstandes seitens zweier Professoren, deren Lehraufträge rücksichtlich der öffentlichen und ordentlichen Vorlesungen sonst ganz auseinanderlagen. 1650 liest Ritterhusius publice über Pandekten. Der Codicist Ludwellus aber eröffnet gleichzeitig „privatim Collegia Pandectarum & Juris feudalis petentibus." 1659 bieten fast alle Professoren Privatkollegia an (lectoria oder disputatoria), jedoch immer „petentibus", woraus hervorgeht, dass die Initiative dazu von den Studierenden ausgehen musste, sie also nicht wie die publica eigentliche Amtsobliegenheit waren. In diesem Sinne zeigt 1662 Chph. Molitor ausser seinen vierstündigen

---

*) Näheres darüber bei Will, Gesch. u. Beschreib. der Nürnb. Univ. Altdorf; sowie in meiner Schrift: Die Disputationen u. Promotionen . . . . 1893. S. 33.

öffentlichen Vorlesungen an: „Privatim, si futurus est justus Auditorum numerus, Collegium tam Rabbinicum quam Ebraicum aperiet".

Der Kursus war eigentlich jährig. Aber sogar Privatkollegia werden — gewiss nicht zum Vorteil der Studierenden — in das folgende Jahr verschleppt. 1666 Joh. Wolfg. Textor: privatim vero jam ad finem vergens Collegium super Recessum Imperii Novissimum absolvet, aliud etiam in universum Jus civile Collegium secundum methodum Digestorum . . . .pertractabit . . . ."

1682 treten die Collegia privata neben den Lektionen schon in ziemlicher Breite auf, noch immer aber überwiegt die Richtung aufs Praktische (Wiederholung, Einübung, Disputationen betr.) Die Lectiones publicae und Exercitia circularia standen nach wie vor im Vordergrund des akademischen Unterrichtes. Ein Mandat der Scholarchen vom 27. Sept. 1678*) weist daher die Nürnberger Stipendiaten an, drei Jahre lang in einer höhern Fakultät zu studieren und die Lectiones publicae und Exercitia circularia fleissig zu besuchen, bei Verlust resp. Wiedererstattung des Stipendii. Geklagt wird eingangs, dass die Vorlesungen und Übungen sehr unfleissig besucht würden, auch zu früh von der Universität geeilt würde, so dass hernach bei der Prüfung ad ministerium ecclesiasticum sich grosser Mangel erfände.

Dass die Privatkollegia seit dem gescheiterten Versuche des Giphanius, dieselben in die öffentlichen Auditorien einzuführen, in den Wohnungen der Professoren gehalten wurden, geht u. a. auch aus der Bezeichnung „auditores domestici" hervor, die sich z. B. im Lektions-Katalog von 1691/92 findet. Der Theologe Christoph Wegleiter, der publice Katechetik vorträgt, kündigt daneben an: „Auditoribus domesticis Epitomen Reformationis Ecclesiae Anglicanae bona fide interpretabitur".

Übrigens ist um diese Zeit nicht gross Rühmen zu machen von dem Inhalt der Kataloge. In der philosophischen Fakultät, wo man noch eine grössere Mannigfaltigkeit der Vorlesungen erwarten sollte, sieht es kläglich aus. Keine Grammatik, keine einzige Klassiker-Interpretation. Griechisch nach dem Neuen Testament. Latein vaciert fast ganz. Es lesen (1694/95) von fünf Professoren drei Philosophie, der eine Metaphysik, der andere Ethik, der dritte Logik, einer Griechisch nach dem N. T. und etwas Lat. Stil und der fünfte Geometrie und Physik. Viel besser ist es

---

*) Msc. Nürnberg. Bibl. Will. V, 223.

auch später nicht geworden. Altdorf gehörte eben zu denjenigen deutschen
Universitäten, die ihre Gründung durch ihre Geschichte nie gerechtfertigt
haben.

Ende des 17. Jahrhunderts erscheinen nun in den Katalogen Privatkollegia über dieselben Gegenstände wie die Publika. 1699 liest Spitz
öffentlich eine Synopsis des Codex, privatim Institutionen und ff; Hildebrand
öffentlich Institutionen, „Domi vero" Pandekten und Institutionen; Werner
öffentlich Digesten, privatim auch jus Canonicum, das Wagenseil wieder
öffentlich liest. Man sieht, die Privatkollegia konkurrieren jetzt ganz bedeutend mit den öffentlichen Lektionen, und wenn diese, wie hier anzunehmen, fleissig gehalten worden sind, so hat es am Eifer der Professoren
nicht gelegen, dass Altdorf zu keiner Blüte gelangt ist.

Joh. Jac. Baier*) beschreibt den Zustand am Anfange des vorigen
Jahrhunderts also:

„Ein jeder Professor hat wöchentlich vier Stunden publice zu lesen
und ist die Eintheilung der Stunden also gemachet, dass nicht in einer
Stunde zugleich zwey Professores ejusdem Facultatis ihre Lectiones halten
dörffen. Die ordentlichen Feriae währen von Petri und Pauli bis Lauren-
tii, um welche Zeit alljährlich ein neuer Catalogus Lectionum verfertiget
und durch den Druck publiciret wird. Man kann mit Warheit sagen,
dass allhier fleissiger gelesen werde als auf vielen andern Academien,
da es grössere Salaria und Zulauff von Studenten giebt. An denen
privat-Lectionen ist ebenmässig kein Mangel, so dass ein jeglicher Studiosus
zu seiner Unterweisung genugsame und erwünschte Gelegenheit hat."

Von Michaelis 1723 an erschienen halbjährlich die Vorlesungs-Ver-
zeichnisse. Da dieselben Gegenstände nun sowohl publice als privatim
vorgetragen werden, die Disputationen aber hier wahrscheinlich wie anderwärts in starke Abnahme geraten waren, so verschwinden die exercitationes
jetzt vom Titelblatt, und es heisst nun kurz: praelectiones publicae et
privatae. So bleibt es das ganze 18. Jahrhundert hindurch. Abgesehen
davon, dass dann und wann ein Extraordinarius bestellt wurde, erfolgte
keine Vermehrung der Professuren. Die paar Lehrer thaten schlecht und
recht ihre Pflicht, ohne dass der Nürnberger Patron Veranlassung hatte,
viel dazwischen zu reden.

1795 äussert sich Will in seiner Geschichte der Universität Altdorf

*) Beschreibung der Nürnberg. Univ.-Stadt Altdorf. 1714. 4. S. 82.

(S. 113) so: „Wie überall sind die Collegia entweder publica oder privata oder privatissima. Die publica hält jeder öffentliche Lehrer nach seinen Professionen umsonst; bei Privatvorlesungen, die sehr mässig bezahlet werden, hütet man sich nur, dass man nicht in das Gebiet einer andern Fakultät übergeht; und die privatissima, welche nur einem oder wenigen gelesen werden, sind meistens monatlich zahlbar und werden um ungemein billige Preise gegeben. Die Privatvorlesungen sollen nach einem eigenen Mandat pränumerirt werden."

Näheres über die Höhe und die Art der Beitreibung der Honorare giebt Will nicht an. Was ich darüber aus dem Nürnberger Archiv ermittelt habe, ist folgendes.

Die Aufsichtsbehörde der Altdorfer Universität hat sich um die Ordnung des Honorarwesens nie gekümmert; die Privatkollegia galten ihr wohl immer als eine reine Privatsache der Lehrer, die ihrer Schuldigkeit mit den vier öffentlichen Vorlesungen nachkamen. Ein Schulden-Mandat des Nürnberger Rates vom 29. Dez. 1671 verordnet zwar, dass den Studenten nicht über das gewöhnliche Kostgeld und nicht mehr als 6 Rthlr. Extra-Unkosten kreditiert werden dürfen bei Strafe von 25 Rthlr. und Verlust des Anspruchs, der Kollegien-Honorare aber geschieht darin keine Erwähnung, obwohl, wie wir gesehen haben, derzeit bereits Privat-kollegia gehalten wurden.

Zum ersten Male wird die Honorarfrage offiziell angeführt in dem Rektoratsprogramm v. 18. Aug. 1723. Zunächst wird angezeigt, dass von jetzt ab die Lektionskataloge halbjährlich erscheinen sollen und zwar um Ostern und Michaelis. Da erfahren die öffentlichen „labores" eine Unterbrechung durch die Ferien, während die privaten weitergehen („iis tamen non facile privatas simul scholas interrumpi patiemur"). Sodann aber heisst es: „Id unum Cives nostros Academicos adhuc peramanter monemus, ne, Doctoribus suis insalutatis, fere pro more illaudabili parum-que honesto, ingrati discedant; sed potius, ut, ad veras laudes excitati, in posterum honorarium aequis conditionibus constitutum statim sub initium quarumvis scholarum solvere et praenumerare [gesperrt gedruckt] ne detrectent. Ita enim futurum est, ut et ipsi, DEO favente, multo uberiores studiorum Academicorum fructus capiant, et docentes eo alacriori animo munere suo perfungantur."

Die in diesem Programm von 1723 angeregte Pränumeration war aber damit noch keineswegs befohlen, wurde auch nicht innegehalten.

In dem deutschen Schulden-Mandat vom 8. Mai 1738 kommt Senatus academicus wiederum auf die Sache zurück. Die Studenten werden angewiesen, „dass sie zuvörderst ihre rechtmässige Debita für Collegia und Exercitia, dann für Kost, Wohnung, nothdürfftige Bücher, Kleidung und andere unentbehrliche Handwerksarbeit, der Ordnung und Herkommen nach, die erstern zwar sogleich nach dem Belieben der Professorum und Doctorum entweder praenumerando, oder nach deren Vollendung, oder bedungenen monatlichen Fristen, die übrigen aber alle Quartal richtig abzuzahlen besorgt seyn mögen; Widrigenfalls man gegen die Saumseligen . . . executive mit Real- oder Personal-Arrest auf dem Schuld-Thurn verfahren, auch von Beschaffenheit der Sachen publico nomine in patriam Bericht erstatten wird." Zugleich erklärt der Senat, „dass wo jemand in Zukunfft etwas von oben benannten rechtmässigen Forderungen nicht nach Verfliessung des vierteljährigen Zahlungstermins innerhalb Monats-Frist bey dem jedesmahligen Rectore anzeigen oder klagbar einbringen wird, derselbe nach der Zeit nicht mehr angehört noch ihm zu seiner Zahlung gerichtlich verholfen wird." Alle übrigen Schulden erkennt der Senat nicht an und will damit schlechterdings unbehelligt bleiben.

Zwischen 1738 und 1750 erliess nun Rector und Senat ein Pränumerations-Mandat, von dem mir ein undatierter Abdruck vorgelegen hat. Da die darin gegebene Schilderung ein interessantes Streiflicht auf die Moral des damaligen Studententums wirft, so wäre es schade, wenn ich das Mandat nicht wenigstens in seinem wesentlichen Teile wörtlich mitteilte. Es heisst also darin:

„Unum vero est, cujus vos publice serioque commonefaciendos duximus. Nimirum, postquam illaudabilis parumque honesta civium quorundam nostratium consuetudo adhuc invaluit, ut, cum habeant, quod etiam in compotationes aliasque res ludicras impendant, pro scholis tamen privatis sive collegiis nihil fere docentibus solvant, nec raro, pro lubitu, coeptas et aliquamdiu continuatas deserant acroases, prorsusque insalutatis doctoribus suis ingratissimi hinc discedant, aliquando inani excusatione usi, se recitationibus Professorum non usque ad finem interfuisse; igitur his publicis literis declaramus sancimusque, ut in posterum auditores nostri statim sub initium quarumvis scholarum, et quidem certo intra primum mensem praenumerent honorarium aequis conditionibus constitutum. [Folgt der Schlusssatz des Progr. von 1723.] Quemadmodum autem Cives vere pauperes, si asperae sortis suae rationem in tempore, et modeste, aperiant, Professores, vel ad moram quandam indulgendam, vel ad remittendum didactrum, non difficiles invenient: ita ii, qui subterfugient hanc constitutionem nostram, non solum ipsi prodent ingrati improbique animi sui indolem . . . sed etiam opera dabitur, ut, loco commendationis testimoniique rei apud nos bene gestae, notam ingratorum hominum referant in patriam, iisque, in quorum sunt potestate, aut quorum fruuntur beneficiis, pro merito denuntientur . . . ."

Indes auch diese Verfügung wirkte nicht. Der akademische Senat musste sich unterm 20. Febr. 1750 zu einer neuen Regulierung verstehen, indem er die Pränumeration fallen liess und auf das Schulden-Mandat von 1738 zurückgriff. Das Wesentliche dieser Ordnung war die Einsetzung einer besondern Beitreibungs-Kommission. Trotzdem das Schulden-Mandat, wie auch das lateinische Pränumerations-Programm wiederholt öffentlich affigiert worden seien, habe man missfällig erfahren müssen, „dass ermeldete Verordnungen fast gänzlich ausser Acht gelassen werden, indem nicht nur die Praenumeration gar selten mehr geschiehet, sondern auch ein grosser Theil der Studiosorum nach geendigten Collegiis die gebührende Honoraria lange Zeit rückständig verbleibet und gemeiniglich erst beim Abzug Richtigkeit machet, einige aber die Bezahlung gar unterlassen und hinter der Thür Abschied nehmen." Infolge dessen hat nun Senatus Academicus „nach dem Exempel anderer Universitäten*) eine Commission anordnen wollen, vermittelst deren diejenige Studiosi, so in Bezahlung der Collegiorum sich saumseelig erweissen, zur Entrichtung ihrer Rückstände betrieben werden sollen, welche Commission dem jedesmahligen Depositori aufgetragen worden."

Demnach sollen nun die Honorare für die Collegia privata und privatissima längstens vier Wochen nach dem ausbedungenen Zahlungstermin (entweder gleich beim Anfang der Kollegien oder nach Vollendung derselben oder sonsten in Fristen) entrichtet werden, widrigenfalls die Restanten bei der Commission angegeben und von dieser zuerst extrajudicialiter gemahnt, hernach aber judicialiter durch ordentliche Klage beim Rektor angehalten werden sollen. Für die Mahnung hat der Schuldner eine Kommissionsgebühr von 2 g. Groschen für jeden Rthaler und 5 Kreuzer von jedem Gulden zu entrichten. —

Hierbei mag es nun in Altdorf verblieben sein. Von einer Taxe

---

*) Jena vielleicht gemeint.

der Kollegienhonorare ist nirgends die Rede. Die einzelnen Lehrer haben also selbständig mit den Studierenden kontrahiert, doch wird sich wohl auch in Altdorf wie an andern Universitäten ein allgemein innegehaltener Durchschnittssatz herausgebildet haben.

Altdorf ist schliesslich an Erlangen gestorben. Da diese Universität die letzte Gründung alten Stils vorstellt und ihre Entwickelung schon unter Göttingischem Einfluss vor sich geht, so wäre es vielleicht zweckmässig, sie im Anschluss an Göttingen zu behandeln. Da sie jedoch seit Anfang des 19. Jahrhunderts unter bairische Verwaltung gekommen ist, so will ich sie hier an Würzburg anschliessen und damit die Besprechung der bairischen Universitäten zu Ende führen.

Auf die erste Stiftung einer Universität zu Würzburg im Jahre 1402 durch Bischof Johann von Eglofstein ist hier nicht einzugehen. Sie hatte keinen Bestand. Wir betrachten die zweite Stiftung von 1582 durch den Fürstbischof Julius. In den Statuten von 1587*) wird nach der Sitte der Zeit ein bestimmter Lehrkursus vorgeschrieben und auf drei bis vier Jahre bemessen. Die zur Promotion erforderlichen Lectiones ordinariae sind öffentlich; von Privatkollegs ist nicht die Rede. Nur an einer Stelle der allgemeinen Statuten wird des privatim docere so nebenher gedacht, indem nämlich den Dekanen zur Pflicht gemacht wird, dafür zu sorgen, „ut pro studiosorum fructu . . . ea potissimum tam publice quam privatim praelegantur et doceantur, quae et pietatem alere et cultui ingeniorum . . . conducere queant.“ Dieser von der Universität anerkannte Privatunterricht der Professoren scheint aber auch mehr in Übungen bestanden zu haben. Denn in dem ältesten noch erhaltenen Lektionskataloge von 1604**) werden die ordentlichen Vorlesungen aufgeführt und wird zum Schluss gesagt: „In singulis quoque facultatibus erunt disputationes tam publicae quam privatae studiosorum utilitati inservientes.“

Der Entwurf neuer medizinischer Statuten von 1610 enthält nichts über Privatvorlesungen, ebenso wenig die neuen medizinischen Statuten von 1713. Dagegen stossen wir in 1719 auf eine fürstbischöfliche Verordnung betreffend die Honorare für juristische Privatkollegia.***) Die Juristen

7. Würzburg.

---

*) Wegele, Gesch. d. Univ. Würzburg. II, 147 ff.
**) Wegele a. a. O. II, 225.
***) Im Jahre 1657 wollte ein J. U. D. Binzinger ein Collegium Institutionum halten. Der Senat verweigert die Erlaubnis: „quamvis alibi a non-Professoribus collegia habeantur, tamen hic non concedendum propter paucitatem studiosorum.“ Zugleich ergiebt sich, dass die Professoren, wenigstens der Institutionist, selbst schon Collegia hielten. (Wegele I, 367.)

scheinen allein während des ganzen 18. Jahrhunderts sich der „gnädigst placidirten Jura“ erfreut zu haben, neben ihren ordentlichen öffentlichen Vorlesungen auch private gegen Bezahlung seitens der Zuhörer zu halten. In jener Verordnung wird gesagt, „dass, gleichwie sonsten auf mehrere Universitäten herkommlich und gebräuchlich, demnächst bey dem anfangenden Studio mittels Einschreibung ihrer, der Auditorum, Namen, ihnen, mehrgedachten Professoribus sogleich die Helfte davon, die andere Helfte aber in mitten des Cursus künfftig erleget und bezahlet werden mögte.“

Die Studienordnungen von 1731 und 1734 halten nach wie vor fest am öffentlichen und unentgeltlichen Unterricht. Ein testimonium studiorum wird nur ausgestellt und die Zulassung zur Promotion geschieht nur auf Grund des Besuches der öffentlichen Vorlesungen. Daneben wird den Juristen ausdrücklich wieder die Befugnis erteilt, Privatkollegia zu halten. „Obwohlen auch“, heisst es da, „erwehnet worden, dass die Collegia publica bestendig seyn, und ein jeder Professor bei dem Seinigen ohne Veränderung und Verwechslung stäts verbleiben solle, so seynd nichts desto weniger die privata gantz frey und kan selbige ein jeder Professor publicus nach seiner Willkühr ohne die mindeste Einschränkung denenjenigen geben, welche zu ihme das Vertrawen haben, jedoch dass seinen zu dem Collegio publico gewidmeten Stunden dadurch nichts abgebrochen werde.“

Für die Theologen und Philosophen sind fünf, für die Juristen und Mediziner vier ordentliche wöchentliche Lektionen zu festgesetzten Stunden verordnet, die Professoren Juris werden aber ermahnt, „zu ihren Collegiis privatis, für welche die Zeit zu benennen ihnen selbsten überlassen wird, solche Täg und Stunden zu nehmen, dass einer dem andern keine Verstöhrung mache, sondern in allem eine gute Ordnung und Verständnus beobachtet werde.“

Die Satzungen des Bischofs Karl Philipp von Greiffenklau für die Universität Würzburg von 1749[*]) erwähnen wiederum nur bei den Juristen collegia scil. privata neben den praelectiones publicae; beide sollen aber jetzt in das Vorlesungsverzeichnis kommen. Dem Mathematiker allein wird noch auferlegt, um das etwas zurückgegangene Studium wieder zu beleben, collegia privata hujus scientiae für die Adelichen zu halten.

1750 gründet Bischof Karl Philipp eine Professur für praktische Jurisprudenz. Indem er dafür nur hundert Thaler Gehalt aussetzt, be-

---

[*]) Wegele a. a. O. II, 405 f.

stimmt er zugleich, dass jeder Teilnehmer an diesem Unterricht dem Professor sechs Gulden Fränk. Honorar zu zahlen habe.

Im Jahre 1788 erlässt Bischof Franz Ludwig eine neue Verordnung, betreffend die Vorausbezahlung der Honorare für die juristischen Vorlesungen. Darin wird es zwar jedem Professor gestattet, einem Studierenden, der ihn darum bittet, den unentgeltlichen Besuch zu erlauben, im übrigen aber strengstens verboten, Jemanden stillschweigend länger als 8 Tage zu seinen Privatvorlesungen zuzulassen, ohne das Honorar zu fordern.

Im Jahre 1802 kam Würzburg an Baiern. Der Kurfürst Maximilian Joseph gab der Universität schon im nächsten Jahre eine neue Organisation unter Aufhebung der alten Fakultätsverfassung. Darin wird nun schlankweg die Bezahlung aller Vorlesungen eingeführt unter folgenden Modailtäten.*)

„Da in Rücksicht der Vorlesungen nach dem Vorgang und der Erfahrung der berühmtesten Universitäten [Göttingen?] als das Zweckmässigste befunden worden, dass Honorarien nach einem Massstab, welcher den Professoren noch insbesondere zugehen wird, Statt finden sollen, so wird die Entrichtung derselben gleichfalls als ein Gegenstand der akademischen Polizey betrachtet und demnach festgesetzt:

a. Die Honorarien werden vor dem Anfang der Vorlesungen entweder an den Lehrer selbst, oder an eine Person, die er dazu autorisiren wird, gegen einen Belegschein entrichtet.

b. Um den Lehrer in den Stand zu setzen, die nöthigen Zeugnisse auszustellen, haben sich die Zuhörer jedesmal acht Tage nach dem Anfang des Collegiums auf einem dazu bestimmten Zettel zu unterzeichnen. Wer auf demselben nicht unterzeichnet ist, darf die Vorlesungen nicht anders als in einzelnen Stunden besuchen.

c. Wer unterzeichnet und nach Verfluss von 6 Wochen das gebührende Honorar nicht entrichtet hat, wird einer eigenen, aus dem Prorector, dem Fiscal und zwey Mitgliedern der beyden Hauptclassen bestehenden Commission angezeigt, welche dann weiter für die Herbeyschaffung desselben Massregeln zu nehmen hat. Wobey jedoch

d. verordnet wird, dass . . . alle Söhne unbemittelter Eltern, welche durch obrigkeitliche Zeugnisse beweisen, dass sie das hinreichende Vermögen nicht besitzen, die Kosten des academischen Aufenthalts ganz zu bestreiten, ebenso wie alle Stipendiaten, freyen Unterricht geniessen sollen."

---

*) Wegele a. a. O. II, 480; u. in den Allg. akad. Statuten von 1805 § 9.

Die in dieser Organisationsakte von 1803 in Aussicht gestellte Honorartaxe erschien 1805 zusammen mit den allgemeinen Statuten. Ein Kolleg, das nur einige Stunden in der Woche gelesen wird, soll 5 fl., ein tägliches einstündiges 9 fl. und wenn es mit einem Elaboratorium oder Disputatorium verbunden ist, 12 fl., ein tägliches Doppelkollegium, wie Pandekten, spezielle Therapie, 15 fl. kosten; für die gesamte Anatomie aber sollen 22 Gulden bezahlt werden.*)

Diese neue Verfassung der Universität blieb nicht lange in Kraft, da Würzburg 1806 wieder aus dem bairischen Staatsverband ausschied. Der neue Landesherr Grossherzog Ferdinand von Toscana stellte im Jahre 1809 die alte Ordnung wieder her und bestimmte bezüglich der Vorlesungen Folgendes. Erstens: jeder Professor ist verbunden, vormittags wenigstens zwei, nachmittags wenigstens eine Stunde Kollegium zu halten. Zweitens: alle Kollegien ohne Ausnahme sind öffentlich und müssen in den dazu bestimmten Hörsälen gehalten werden. Drittens: Collegia privata und privatissima finden durchaus nicht mehr statt.

Damit war — zum letzten Male an einer deutschen Universität — die Unentgeltlichkeit des Universitätsunterrichts wieder eingeführt.**) Natürlich folgte daraus auch die Aufhebung des Institutes der Privatdozenten. Die Professoren waren alle öffentliche Lehrer und wurden klassifiziert mit je drei Gehaltsstufen als weltliche und geistliche professores ordinarii und extraordinarii.

Im Jahre 1814 fiel Würzburg zum zweiten Male an die Krone Baiern. Ohne dass nun die Verfassung des Kurfürsten Maximilian Joseph von 1803 wiederhergestellt wurde, nahm die Universität von nun ab teil an der für die bairischen Universitäten Landshut und Erlangen inzwischen ergangenen Gesetzgebung.

Erlangen. Verfolgen wir also jetzt zunächst die Entwickelung von Erlangen.

Welche Verpflichtung hier für die ordentlichen Lehrer rücksichtlich der Collegia publica bestanden hat, kann ich nicht angeben, da mir Sta-

---

*) Wegele II, 503.

**) In Bamberg waren die offiziellen Vorlesungen wohl bis zuletzt unentgeltlich. Denn in Schneidewinds Versuch einer statist. Beschreib. d. Hochstifts Bamberg (1797) liest man S. 189: „An der Universität sind dermal 24 Professoren angestellt. Alle Lehrämter sind Nominalprofessuren, und jene wissenschaftlichen Zweige, für die keine eigene Kathedra bestimmt sind, werden in Privatvorlesungen vorgetragen. Jeder aufgestellte Lehrer trägt die Wissenschaft, die ihm zum Lehrfache angewiesen ist, vollständig in öffentlichen Vorlesungen vor, die sämtlich unentgeltlich gehalten werden. U. s. w."

tuten nicht bekannt sind. Dass aber dem Stifter der Universität die
öffentlichen Vorlesungen noch als das Wesentliche und als die Hauptsache des akademischen Unterrichts vorschwebten, lehrt der Stiftungsbrief
des Markgrafen Friedrich für Bayreuth-Erlangen.*) Ich zitiere daraus
folgende Sätze.

„In jeder Osterwoche wird der Catalogus Lectionum publicirt, darinnen von einem jeglichen Professore, was er eigentlich in seinen Lectionibus
publicis abhandeln wolle, umständlich berichtet.“

„Die publiquen Stunden haben die Professores ordentlich zu halten,
und nicht über eine Viertelstunde nach dem Glockenschlag im Auditorio
abwesend zu seyn, auch bis die Stunde wirklich verflossen, zu lesen.“

„Einem jeden Professori soll frey stehen, Collegia privata und
privatissima zu halten, und zwar in allen Wissenschaften, wozu er ein besonderes Talent hat, so dass der Professor Theologiae auch wohl privatim Logicam, Physicam &c. und der Professor Philosophiae auch wohl
Theologie oder Jura profitieren könne.“

Pflichtstunden waren also hier wie überall noch die Lectiones
publicae und zwar in den Hauptfächern jeder Profession; Lehrfreiheit
herrschte in Bezug auf die Privatkollegia. Dass diese aber, wie sie sach-
lich notwendig waren, auch gepflegt wurden, dafür sorgte die magere Dotierung der neuen Universität. Gleich in den ersten Lektionsverzeichnissen
(Bayreuth 1742, Erlangen 1743) werden also nicht bloss die obligaten
vierstündigen Publika, sondern auch zahlreiche Privata angekündigt,**)
und gleichzeitig tragen die Gesetze für die Studierenden***) Sorge für die
Bezahlung des Honorars. Der betreffende Abschnitt XXII lautet: Qui
nomine Professorum matriculae inscripto se collegio interfuturum obligavit,
dimidiam honorarii statim, alteram intra trium mensium spatium solvito.
Quodsi Professor defunctus fuerit et dimidiam collegii partem absolverit,
integrum honorarium auditores danto.“

Über die Höhe des Honorars ist gesetzmässig nichts festgelegt worden.
Die Praxis scheint mit Göttinger Sätzen gerechnet zu haben. Papst†)
giebt folgende Taxe an, natürlich für Halbjahrs-Kollegia und zwar fünfstündige. Die Theologen nehmen 2 bis 3, einige 4 Thaler; die Juristen

---

*) Vgl. Fikenscher, Gesch. d. Univ. Erlangen. 1795. S. 223.
**) S. Fikenscher S. 248 ff. und 292 ff.
***) Academiae Fridericianae Erlangensis leges quarum observantiam studiosi cives
promittunt. [1743.]
†) Gegenwärtiger Zustand der Friedr.-Alex. Univers. zu Erlangen. 1791. S. 58.

meist 4 bis 5, doch kosten Pandekten, weil täglich zweistündig, 6 Thlr. 16 Gr., Prozess und Praktika wegen der Korrekturen 8 Thr. Die Mediziner fordern meist 3 bis 4 Thaler, doch wird der cursus chemicus mit 5 bis 6 Thalern honoriert, während die Anatomie (wie in Kiel) publice und gratis ist. Die Philosophen haben ebenfalls den Satz von 3 bis 4 Thalern, nur die Experimental-Physik kostet sechs. Grafen bezahlen das Vierfache, haben aber dafür bessere Plätze.

Erwähnenswert ist auch noch folgende Bemerkung Papsts (S. 50): „Es gehört mit unter die Vorzüge der hiesigen Universität, dass ihre Lehrer auch immer zu den sogenannten öffentlichen und unentgeltlichen Vorlesungen solche Wissenschaften auswählen, die mit am meisten Interesse haben, und dass viele auf diese nicht etwa blos eine Stunde in der Woche, sondern wohl zwei bis vier verwenden. Daher pflegen denn auch diese Collegia hier so häufig, als auf irgend einer Universität besucht zu werden".*)

Man ersieht hieraus den Wandel der Dinge im 18. Jahrhundert. Was früher Gesetz und Ordnung war, nämlich vier bis fünf Stunden wöchentlich publice zu lesen, gilt 1791 schon als ein Vorzug, der rühmend hervorgehoben werden muss.

Mit der Bezahlung der Kollegien ist es aber in Erlangen ebenso schlecht bestellt gewesen als an den übrigen deutschen Universitäten. Offenbar konnte sich der Student des 18. Jahrhunderts an die Umwandlung des frühern unentgeltlichen öffentlichen Unterrichts in den von ihm zu bezahlenden und nur noch so genannten privaten Unterrichts nicht gleich finden, und das Prellen der Professoren war eines „honorigen" Burschen durchaus nicht unwürdig, wie man aus Laukhards Schriften ersehen kann.

In Erlangen berührt das Schulden-Edikt des Markgrafen Friedrich-Christian vom 10. März 1768 zum ersten Male die Honorarfrage und fordert die Professoren auf, binnen einem Vierteljahre nach Schluss der Vorlesung die gerichtliche Klage anzubringen. Ausführlicher noch geht das Schulden-Edikt des Markgrafen Carl Alexander vom 22. Febr. 1777 darauf ein, indem es darin heisst:

„12. können Wir durchaus nicht mehr verstatten, dass die Studiosi

---

*) In Göttingen war das nicht der Fall, und Michaelis bürdet die Schuld dafür allein den Studenten auf.

die . . . Honoraria oder Collegien-Gelder, wider die akademischen Gesetze nicht zu gebührender Zeit entrichten, sondern wie Wir zu Unserm
grossen Missfallen wahrnehmen müssen, so sehr anschwellen, ja theils
wohl gar bis zu ihrer Abreise von der Academie anstehen lassen, oder
auch ihren getreuen Lehrern die verdiente Belohnung gänzlich entziehen.
Um demnach solchem Übelstande abzuhelfen und sämtliche öffentliche Lehrer Unserer . . . Universität wegen richtig erhaltender
Bezahlung ihrer Honorarien- oder Collegien-Gelder sicher zu
stellen, setzen und verordnen wir anmit, dass jeder Studiosus, welcher
Fakultät derselbe zugethan sein möge, der sich in den Vermögens-Um-
ständen vor seine besuchenden Collegia die herkömlichen Honoraria bezahlen zu können, befindet und seine Armut durch ein öffentliches Testimonium paupertatis nicht zu erweisen im Stande, somit bemüssiget ist,
um die Erlaubnuss, das Collegium ohnentgeldlich besuchen zu dürfen,
seinen Lehrer gleich anfänglich geziemend zu bitten, mehrerwähnte Honoraria oder Collegiengelder binnen vierzehen Tagen, von Zeit des an-
gefangenen Collegii vollständig und ohnnachsichtlich bezahlen, somit
auf die übrige Zeit bis zu Endigung des Collegii respective praenume-
riren, ihme auch hierinnen keine Entschuldigung oder Aufzüglichkeit, wie
die beschaffen seyn möge, zu statten kommen solle. Wann demnach ein
Lehrer . . . innerhalb der . . . 14 Tage . . . nicht befriediget werden
sollte, so hat gedachter Lehrer Kraft dieses academischen Gesetzes Fug
und Macht, den Rückstand sothanigen Studiosi bey dem Universitäts-
Gericht anzuzeigen, dieses aber ist verbunden, den saumseligen und
Zahlungsflüchtigen Studiosum mit erforderlichen Zwangs-Mitteln zu seiner
Schuldigkeit anzuhalten.‟

Ein Senats-Erlass vom 15. Oktober 1789 betr. die Collegien-Hono-
rare erweitert die Pränumerierungsfrist auf vier Wochen und überträgt
dem akademischen Gericht die Einziehung der restierenden Gelder. Ein
neuer Erlass vom 20. Februar 1791 führt die tabula ingratorum nach
jenaisch-preussischem Muster ein.

Es folgt nun die Zeit der Zugehörigkeit von Ansbach-Bayreuth zum
preussischen Staat, während der das Allgemeine Landrecht und die allgemeinen Gesetze für die Universitäten von 1796 galten.

Im Jahre 1814 beginnt dann für Erlangen die bairische Gesetzgebung.
Die im Jahr zuvor für die Universität Landshut erlassenen Gesetze für
die Studierenden dehnt Max Joseph auch auf die beiden übrigen Landes-

Universitäten aus. Sie erhalten den Charakter reiner Staatsanstalten. Der Lehrkursus wird in allen Fakultäten vorgeschrieben und zwar abgeteilt in notwendige und nützliche Lehrgegenstände. Jene werden unterschieden in Haupt- und Hülfswissenschaften gemäss den Verordnungen, „durch welche ausgesprochen ist, was ein Inländer zu leisten habe, welcher dereinst in einem der verschiedenen Zweige des öffentlichen Dienstes, für welche ein vollständiges Universitäts-Studium erfordert wird, eintreten will."

Von öffentlichen und privaten Vorlesungen im bisherigen Sinne ist nicht mehr die Rede, sondern nur von — zu bezahlenden Vorlesungen überhaupt. Der Abschnitt: B. Über die Subscription zu den Vorlesungen und die dafür zu entrichtenden Honorarien enthält folgende Bestimmungen.

§ 4. Die für die Vorlesungen nach dem Beyspiele anderer Universitäten*) eingeführten Honorarien sollen zur gehörigen Zeit, entweder an den Lehrer selbst oder an eine von ihm dazu autorisirte Person gegen einen Belegschein entrichtet werden.

§ 5. Jeder Candidat, welcher ein Collegium besuchen will, muss sich bey dem Professor dafür persönlich melden und binnen den ersten 8 Tagen nach dem Anfange des Collegiums auf dem für die Inscription der Zuhörer bestimmten Zettel sich eigenhändig einzeichnen . . . .

§ 6. Wer unterzeichnet und nach Ablauf von 4 Wochen das gebührende Honorar**) nicht entrichtet hat, wird dem Rector und dem akademischen Senate angezeigt, welche zur Herbeyschaffung desselben die geeigneten Zwangsmittel, selbst Personal-Arrest zu verfügen haben . . . .

§ 7. Von der Entrichtung der Honorarien sind befreyet:
a) alle Söhne unbemittelter inländischer Eltern, welche durch obrigkeitliche Zeugnisse beweisen, dass sie das hinreichende Vermögen nicht besitzen, die Kosten des Universitäts-Aufenthalts ganz zu bestreiten,
b) die Stipendiaten, welche Staatsstipendien beziehen, wohin auch die im Clerical-Seminar einen freyen Unterhalt geniessenden Theologen gehören.

Stundung gab es also nicht und hat es in Baiern nie gegeben, doch

---

*) Vgl. oben das Würzburger Statut von 1802/5.
**) Wahrscheinlich die Würzburger Taxe von 1805; denn diese galt noch 1849 in Baiern.

wird ein kurzer Kredit innerhalb des Semesters gestattet gewesen sein. Denn die Gesetze über das Kreditwesen der Studierenden rechnen die Honoraria der Professoren mit unter die privilegierten Schulden, die aber vier Wochen spätestens nach Verflusse jedes Quartals eingeklagt werden müssen. Das würde also für die Honorare, die nach § 6 zu pränume- rieren sind, einen Vierteljahrskredit bedeuten.

Die revidierte Ausgabe der Satzungen für die Studierenden vom 1. Oktober 1849 teilt in § 69 die Vorlesungen wieder ein in Collegia publica, privata und privatissima. Als die ordentlichen Vorlesungen gelten die Privata. Denn bezüglich der Publika lautet die Vorschrift sehr mässig dahin: Jeder ordentliche Professor soll alle Jahre wenigstens ein publi- cum lesen. Wohingegen er verpflichtet ist, seine Nominalfächer wenig- stens alle Jahre [scil. privatim] vollständig vorzutragen, nebenbei darf er über dieselben in dem nämlichen Semester kein privatissimum lesen.

§ 80 enthält die Taxe der (Privat-) Vorlesungen. Sie stimmt überein mit der für Würzburg 1805 vom Kurfürsten Maximilian Joseph erlassenen. Ein dreistündiges Kolleg soll 5 fl., ein vierstündiges 7, ein fünf- bis sechs- stündiges 9 fl. kosten. Geht die Stundenzahl darüber noch hinaus, so werden für je zwei Stunden 3 fl. mehr berechnet. Bei Kollegien, die be- sondere Auslagen oder Bemühungen des Lehrers erfordern, erfolgt ein Zuschlag, der jedoch nicht über den eigentlichen Honorarbetrag hinaus- gehen darf.

Ganze oder teilweise Befreiung geniessen deutsche (also nicht bloss bairische) Studierende nach § 71, wenn ihre Bedürftigkeit von der heimat- lichen Polizeibehörde bescheinigt ist. Die Honorarienkommission bestehend aus dem Rektor und je einem Fakultisten, entscheidet darüber.

Die Honorare werden an den Quästor der Universität (in den Satzun- gen von 1891 heisst es Honorarien-Rendantur) vorausbezahlt.

Die Studienfreiheit unterliegt einigen Beschränkungen, die aus dem Zweck der Staatsuniversitäten folgen. § 21 lautet: Das akademische Studium dauert für jeden Studierenden, der sich zu einem öffent- lichen Amte in Bayern vorbereitet, vier Jahre, von welchen der Zeitraum eines Jahres dem Studium der philosophischen Wissenschaften zu widmen ist.

Also philosophische Zwangskollegia. Wenigstens acht ordentliche, d. h. vier- bis sechsstündige Vorlesungen aus dem Gebiete der philoso- phischen Fakultät soll jeder hören (§ 23). Davon abgesehen steht es allerdings den Studierenden frei (§ 29), welche und wie viele Vorlesungen und bei welchem Lehrer sie dieselben hören wollen; jedoch wird der Besuch [die studentische Praxis macht daraus Bezahlung] wenigstens eines ordentlichen Collegiums von In- und Ausländern gefordert.

Im Wesentlichen sind die Verhältnisse seitdem so geblieben. Die Veränderung des deutschen Münzwesens hat auch die Honorartaxe umgestaltet. Man berechnet heute jede Wochenstunde mit vier Mark. Das kommt indes ungefähr auf den alten Satz in der Guldenwährung hinaus, so dass also in Bayern seit 1805 keine Erhöhung der Vorlesungsgebühren eingetreten ist.

Marburg. Für Marburg hatte der Freiheitsbrief des Landgrafen Philipp vom 31. August 1529*) die Unentgeltlichkeit des Unterrichtes vorgesehen: „So Wollen Wir auch, dass alle und jede Studenten, Schuler der Collegien und Pädagogii zu Marpurgk, Und sonst menniglich so zu Studiren neygung hatt, von denn gemelten unsern Doctoribus Magistris, Ordinariis und Prälectoren, Alle und jede Praelectiones Ordinarias hienach erzehlet, vergebenlich und ohn eynig Ihr vergelten, besuchen und Anhoren sollen und mugen . . . .“

Nach den Statuten von 1529 musste täglich mit Ausnahme Samstags und Sonntags gelesen werden, und zwar im öffentlichen Auditorium, wie eine Verordnung vom 7. Juni 1549 neuerdings einschärft, „damit alle Lectiones Publicae durch die Jenige, so ihre Stipendia derwegen empfahen, auch Publice et in loco ac auditorio publico, und nicht in ihren Heussern odder habitationibus privatim gelesen werdenn.“

Die Reformation und Ordnung Philipps vom 14. Jan. 1564 kennt nur Lectiones, von Privatkollegs ist darin keine Rede. Nur die wöchentlichen Disputationen werden noch als Amtsobliegenheiten der Professoren erwähnt. Dasselbe gilt vom Reformstatut von 1575.**) Dort wie hier wird den Lehrern eingeschärft, „ihren lectionibus mit treuem Fleiss abzuwarten, ihre Stunde zu halten und dero keine zu negligiren.“ Die Pedelle sollten darauf achten und dem Rektor Bericht erstatten. Für jede vernachlässigte Vorlesung erlitt der Betreffende einen Gehaltsabzug.

Die Universität als solche erteilte also nur öffentlichen und freien Unterricht. Den Privatunterricht besorgten die Privatpräceptoren, die man

---

*) Hildebrand, Urkundensamml. der Univ. Marburg unter Philipp d. Grossm. Marburg 1848. 4.

**) Vgl. Indices lection. Marburg 1879.

nicht ohne weiteres mit unserm heutigen Privatdozenten vergleichen darf. Hier in Marburg verordnete das erwähnte Statut von 1575, dass keiner, der aus dem Pädagogium oder von Partikularschulen käme, ad publicas lectiones admittiret werden solle, „er habe dann seinen privatum praeceptorem, der ihne privatim instituire, die gehörte lectiones mit ihme repetire und auff sein leben, wesen und wandel sehe." Zu solchem Dienst sollen sich die beiden jüngsten Professoren der philosophischen Fakultät verstehen, woneben es auch andern geschickten Magistern erlaubt werden solle „privatos discipulos zu halten". „Es sollen aber sonderlich alle privati praeceptores mit den andern Professoribus artium ihrer institution halben eine gute Correspondentz haben, also dass die privatae et publicae institutiones conformes seyen und nicht widder einander lauffen."

In den Statuten von 1653*) erscheinen nun neben den Lectionibus die Collegia privata sowohl der Professoren, als anderer Doktoren, Licentiaten oder Magistri, denen von Rektor und Senat die Erlaubnis dazu gegeben wird. In ihnen vorzutragen, was publice von den Professoren gelehrt wird, ist verboten; sie haben wesentlich praktische Ziele als collegia explicatoria, examinatoria und disputatoria, ergänzen und unterstützen also die Vorlesungen nach dieser Seite. Doch haben die Studenten volle Freiheit, diese Kollegia zu nehmen, bei wem sie wollen, wofern jeder nur sein didactrum bezahlt. Die Höhe desselben wird zwar statutarisch nicht festgesetzt, es heisst jedoch (Tit. XV, 7 der Allg. Stat.): „Nullus Professor vel alius nimii minervalis exactione tenuioris fortunae studiosos a collegiis privatis arceto."

Die Lectiones publicae wurden an vier Wochentagen gehalten; Mittwoch und Sonnabend blieben frei für Disputationen und Deklamationen. Ich gebe noch die Hauptbestimmungen für die Privatkollegia aus den Spezialstatuten an. 1) Theologi collegia theologica petentibus aperiunto, quantum per publicos licebit labores, et pro opera didactrum ab habentibus accipiunto. 2) Die Juristen: Praeter publicas lectiones et disputationes Collegia quoque privata, explicatoria, examinatoria et disputatoria Antecessores nostri habento. 3) Die Mediziner: Privatim etiam consultationes instituere et casus practicos proponere permittimus, in ipsis aegris etiam demonstrandos. 4) Den neun Philosophie-Professoren wird einzeln ihre Lehraufgabe für die Lektionen vorgeschrieben und auch hinzugefügt, was

---

*) Academiae Marpurgensis privilegia, leges generales et statuta facultatum specialia anno MDCLIII promulgata. Edidit Julius Caesar. Marburgi 1868. 4. S. 27.

etwa in den praktischen Übungen, den collegiis privatis, vorzunehmen sei. Ganz anders sieht's 100 Jahre später aus.*)

Die „Verordnung, die Haltung der Collegiorum auf den Universitäten zu Marburg und Rinteln betreffend, vom 17. Jan. 1766"**) legt das Schwergewicht des Unterrichtes in die Privatkollegia. Die in § 1 aufgezählten Wissenschaften geben ein Bild von dem im 18. Jahrhundert ausserordentlich vergrösserten Umfange der Universitätsdisciplinen. In den hergebrachten paar öffentlichen Lehrstunden waren sie nicht abzumachen, so wurden denn die Privatkollegia offiziell gemacht. Aber der Rücksichtnahme auf die Armen konnte man sich nicht entschlagen; deshalb beginnt § 2:

„Damit auch Studiosi, welche das Vermögen nicht haben, im Stande seyn mögen ihren cursum studiorum unentgeltlich fortzusetzen: so soll ein jeder Professor ein mit derjenigen Profession, wovon er Besoldung zu geniessen hat, in Verbindung stehendes Collegium publice zu lesen gehalten seyn, jedoch dergestalt, dass (§ 3) sämtliche Professores sich in die Collegia publica theilen, und diejenige, welche kein anderes dergleiches Collegium publicum zu lesen haben, Mittwochs und Sonnabends Collegia examinatorio-disputatoria halten sollen."

Damit wurde den öffentlichen Vorlesungen nun offenbar der Charakter von Armenkollegien aufgeprägt, und aus diesem Gesichtspunkt wird erst das Argument Michaelis' in Göttingen verständlich, der als Anwalt der bezahlten (Privat-) Kollegia sagt, „dass die Studenten sich fast schämen, die publica zu besuchen".

Der § 4 genannter Verordnung will, dass sich die Professoren auch in die (§ 1 aufgezählten) Collegia privata gleichmässig teilen, „wie Wir Uns denn zu ihnen versehen, dass ein jeglicher derselben, ausser Mittwochens und Sonnabends täglich wenigstens 4 Stunden lesen werde."

Da nun § 9 die Collegia publica auf vier, die privata auf 6 Wochenstunden berechnet, so folgt, dass jeder Professor neben seinem publicum noch auf zwei Privatkollegien verpflichtet wurde. Was aber die Studierenden anlangt, so folgt aus den beigefügten Studienplänen wenigstens für die

---

*) Für die Zwischenzeit kann ich nur einen hier einschlagenden Paragraphen der Gesetze für die Studierenden, die den Matrikelformularen beigedruckt waren, aus den Jahren 1710 und 1726 anführen: „§ 10. A lectionibus, maxime publicis, per incuriam studiosis ne emaneto, frequens emansor arbitrio Rectoris emendator."

**) Samml. fürstl. Hess. Landes-Ordnungen. Theil VI. S. 306 f.

Stipendiaten, dass sie in jedem Semester ein bis zwei Publica, dagegen drei bis vier Privata hören mussten.

Über die Honorare steht nichts geschrieben.

Ein fürstliches Reskript vom 20. Oktober 1769, das Borgen der Studenten betreffend, verlangt von der Universität, die Namen der Landeskinder, welche übermässige Schulden machen und besonders „in Zahlung der Collegien, Tisch und Hausmiethen sich nachlässig finden lassen," an das Ministerium zu berichten.*)

Etwas ausführlicher berührt eine Verordnung des Landgrafen Friedrich vom 21. Juni 1782 wegen verschiedener auf den Universitäten sich einschleichenden Missbräuche die Honorarfrage. Es heisst darin:

„Da Wir mit vieler Befremdung vernommen haben, dass die geringe Honoraria für Privatvorlesungen, welche mehr blosse Zeichen von Dankbarkeit als Bezahlung vorstellen, sogar von Leuten, welche übrigens manchen unnötigen Aufwand machen, den Lehrern entzogen werden; So befehlen Wir hiermit ernstlich, dass alle und jede, deren Vermögensumstände solches erlauben, jedesmal in der Mitte des halben Jahres, diese aus guten Gründen von Alters her eingeführte**) geringe Erkenntlichkeit unausbleiblich abtragen sollen ... Dagegen aber haben Wir auch zu Unseren Professoren das, wie Wir hoffen, gegründete Vertrauen, sie werden, wie solches bishero rühmlich geschehen, auch also in Zukunft einem jeden, dessen Vermögensumstände nicht erlauben, diese obwohl geringe Honoraria abzutragen, solche gar gern und willig erlassen; wenn sie anderst gleich bey dem Anfange der Vorlesungen darum gehörig ersuchet und ihnen die Gründe und Ursachen des Unvermögens glaubhaft vorgetragen werden."

Die Höhe der Honorare ist nicht bestimmt; der Landgraf belässt es beim Herkommen. Ein Fortschritt in der Entwickelung des Vorlesungswesens ist aber wieder zu bemerken: der Staat, der die Haltung der Privatkollegien zur Pflicht gemacht hat, muss seine Autorität dafür einsetzen, dass die Lehrer zu ihren Honorarien gelangen, und der Staat, der diese Privatkollegien hat zu Hauptkollegien werden lassen — die öffentlichen „Armenkollegia" von 1766 waren wahrscheinlich inzwischen auch wieder in Abgang geraten —, muss den Professoren ansinnen, für die Armen gratis zu lesen.

---

*) Eine Verordnung vom 20. Dez. 1746 gegen das Borgen der Studenten erwähnt noch nichts von Kollegienhonoraren.

**) Vgl. oben Statut von 1653.

Schritt für Schritt geht nun die Entwickelung weiter. 1790 bestimmen die vom Landgrafen Wilhelm IX. erlassenen akademischen Gesetze,*) dass „die Collegiengelder nicht weiter creditiert, sondern pränumeriert und spätestens 6 Wochen nach Anfang eines jeden Collegii bei 2 Thaler Strafe in die Armenbüchse bezahlt werden sollen, es sei denn, dass ein Professor aus Güte einem oder dem andern die Collegia frei geben wolle."

Der nächste Schritt ist nun, die Professoren von der Unannehmlichkeit des direkten Geldverkehrs mit den Studenten zu befreien. Es wird also ein Quästor bestellt. Die Gesetze für die Studierenden auf der Universität Marburg vom 10. Dezember 1819,**) die bis 1867 gültig gewesen sind, sagen darüber im § 10:

„Zu den Collegien, welche ein Studirender zu hören beabsichtigt, soll er sich persönlich und zeitig bei dem betreffenden Lehrer melden, das Honorar dem Quästor der Universität pränumeriren, oder, falls er dazu unfähig ist, unter Beibringung der erforderlichen Zeugnisse noch vor dem Anfange der Vorlesung um den Erlass des Honorars bei demselben sich melden."

Auf eine etwaige Stundung ist aus diesem Paragraphen nicht zu schliessen. Unter welchen Umständen dieselbe bei gebotener Pränumeration und eventuell gewährtem Erlass noch hätte eintreten können, ist nicht gleich ersichtlich. Und doch muss ein Kreditieren stattgefunden haben. Denn der § 18 eben dieses Gesetzes besagt:

„Für wahre Bedürfnisse findet Credit und eine rechtliche Klage des Erborgten Statt nach folgenden Bestimmungen:

I. unbedingt und ohne Beschränkung auf Zeit und Summe

1) auf die Honorarien der akademischen Lehrer,

2) auf Forderungen der Aerzte, Chirurgen und Apotheker . . .

II. mit Beschränkung in Rücksicht auf Zeit und Summe."

Hierher werden gerechnet: Buchhändlerschulden, Hausmiete, Mittagstisch u. a. mit Klagefrist innerhalb der ersten acht Tage nach Ablauf der 14tägigen Zahlungsfrist zu Anfang des folgenden Semesters.

---

*) Landes-Ordnungen. 7. Theil. S. 386 f.

**) Sammlung von Gesetzen, Verordnungen . . . für die Kurhess. Staaten. Cassel. 4. Bd. 2. 1819. S. 83 f. Auch in: Möller und Fuchs, Sammlung der im vormaligen Kurfürstenthum Hessen noch geltenden Bestimmungen von 1813—66. Marb. 1867. 8. Und wiederholt separat gedruckt.

Der § 21 droht mit Schulden-Carcer und Beschlagnahme der Testimonien und Diplome.

Wie aber der Quästor bei dieser unbeschränkten Kreditierung der Honorare mitgewirkt hat, muss dahin gestellt bleiben.

Ueber den Erlass entschied nach Statut vom 18. April 1825 und 7. April 1853 die sogen. Gratuiten-Kommission und zwar immer nur für ein Semester.

Die Höhe des Honorars für die einzelnen Vorlesungen ist in Marburg im Verordnungswege nie festgelegt worden. Als zuerst von Honorarien die Rede ist — in den Statuten von 1653 —, wird die Rücksichtnahme auf die Armen als preisbildende Norm hingestellt (Nullus Professor vel alius nimii minervalis exactione tenuioris fortunae studiosos a collegiis privatis arceto). Die landgräfliche Verordnung von 1782 nennt die von Alters her eingeführten Honoraria gering und erkennt sie an, in der Voraussetzung, dass sie den Armen erlassen werden. Dabei ist es in Marburg verblieben. Niemals aber scheint auch den Lehrern ausdrücklich das Recht vorbehalten worden zu sein, die Honorartaxe selbst zu bemessen.

Greifswald (gegr. 1456) hatte bis zur Reformation den Charakter der übrigen mittelalterlichen deutschen Universitäten. Ihre ältesten Statuten sind verloren gegangen bis auf die der Artistenfakultät, die Kosegarten*) abgedruckt hat. Natürlich stossen wir auch hier auf den Pastus. Dass die besoldeten Lehrer im übrigen unentgeltlich lasen, ist anzunehmen. In einer Concordia zwischen Universität und Stadt-Magistrat von 1456**) heisst es: „Item, die Redere der Universitaten scholen darto seen, dat de Stipendiaten lesen to rechten Tyden, unde eren Lexen warten, unde wer et, dat wellick vorsumelick, edder de der Lecture nicht raden konde, deme scholen se upsegghen . . .‘‘

Die Kirchenspaltung löste die Universität auf: von 1527 bis 1539 ruhen die Vorlesungen. 1539 erfolgte unter Mitwirkung Bugenhagens die Wiederaufrichtung mit äusserst geringen Mitteln, da jetzt die Kanonikate fehlten und die Pommerschen Herzöge wenig aufwenden konnten, und 1545 erhielt die Universität neue Statuten.***) Aus diesen ersehen wir

10. Greifswald.

---

*) Gesch. d. Univ. Greifswald. 2 Bde. 1857.

**) Dähnert, Sammlung Pommerscher u. Rügischer Landes-Urkunden. Bd. 2. 1767. S. 759.

***) Dähnert, a. a. O. S. 771 ff ; auch bei Koch, die preuss. Univv. I, 358 f.

nun Näheres über die Professoren und ihre Lektionen. Da eine Anzahl der Lehrer (Theologen und Juristen) eigentlich nur im Nebenamt Professoren waren, so ist das Mass ihrer Verpflichtungen zu öffentlichen Vorlesungen und Disputationen nicht gerade gross. Die erste theologische Professur soll der Superintendent von Rügen, die zweite der Archidiakonus von Demmin, die dritte der Präpositus von Greifswald versehen. Drei bis vier Wochenstunden werden für genügend erachtet. Die Juristen haben auch mehr noch zu thun als zu lesen. Ihrer sollen sollen drei sein, „quorum opera ac studio juventus non solum in legibus erudietur, ut omnes deinde civitates Pomeraniae jure aequabili regantur [die Universität als Landesuniversität!], verum etiam princeps in Consistoriis, legationibus, & aliis negotiis publicis uti poterit.“ Jedoch sollen nicht mehr als zwei gleichzeitig abwesend sein. Da ihnen bestimmte Vormittagsstunden angewiesen werden, so ist anzunehmen, dass sie viermal an den üblichen Lesetagen (Montag, Dienstag, Donnerstag, Freitag) ihr Pensum vortrugen. Natürlich wird publice gelesen und disputiert im „Collegium Juristarum“. Doch werden auch private Disputierübungen erwartet; denn: „Hi tres Professores quaestionibus ac disputationibus discipulos Juris tum publice cum privatim diligenter exerceant, proponant illis facti species & judicia illorum explorent.“ Ausser in dieser Stelle findet sich das „privatim“ nicht in den Statuten. Das Wort collegium in seiner spätern Bedeutung kommt überhaupt noch nicht vor.

Die drei Mediziner und die acht Philosophen erhalten ebenfalls ein ganz bestimmtes Pensum mit bestimmten Wochenstunden vorgeschrieben. Die Philosophen haben nicht bloss im Collegium, sondern auch im Pädagogium zu lehren.

Hier wie anderwärts (z. B. in Marburg und Königsberg) war also nach der Weise des Reformationszeitalters das Pädagogium als Vorschule mit der Universität verbunden. Daher auch hier das Institut der Privatpräceptoren. Von diesen ist zum ersten Male die Rede im Visitations-Rezess von 1568.*) „Die Professores in Facultate Artium sollen keinen Studenten in der Universität dulden, der seinen Praeceptorem nicht habe; es sey dann, dass er des Alters und Geschicklichkeit, dass er dessen nicht bedürfe.“ Jeder Präceptor soll „seine befohlene Discipel in Cathesi, Gottes Erkänntniss, Grammatica Latina, Sermone und Stylo fleissig unterrichten

---

*) Dähnert, a. a. O. II, 820.

und exerciren, einem jeden vorschreiben, was er für publicas Lectiones hören solle, desselbigen Verzeichniss den Professoren zustellen, dass sie wissen, welche Schüler ihre Auditores seyn." Er soll sie zum Besuchen der öffentlichen Vorlesungen anhalten und diese mit ihnen repetieren. Über das ganze Institut führt Rector und Decanus artium die Aufsicht, „dass sie zu Anfang alle Monat und darnach alle Quartal, alle Magistros, Professores und andere Praeceptores, so Discipulos halten, für bescheiden ... inquiriren, auch Einsehung thun, dass die privati Praeceptores, sie seyn Professores oder nicht, gleichmässige nütze treue Disciplin halten . . ."

Dies war die erste und zunächst einzige Form eines privaten Unter-, richts mit offiziellem Charakter, den die Studierenden zu bezahlen hatten, ein Nachhülfe-Unterricht für junge Artistenschüler, aus dem sogar die Professoren als Pensionshalter ein Geschäft machten.

Unterm 20. Juli 1571 erliess Herzog Ernst Ludwig eine renovierte Ordnung für die Universität,*) an der zunächst bemerkenswert ist, dass keinerlei Nominalprofessuren aufgeführt sind, sondern dass den Fakultäten überlassen ist, die Materien unter sich zu verteilen. Mit Ausnahme der Theologen, die nur zweistündig lesen, fallen den übrigen Professoren durchschnittlich vier Wochenstunden zu, um „ordinarie" und publice zu lesen. Hinzugefügt wird hier aber: „Wir auch in Gnaden begehren, gutwillig über vorberührte Lectiones extraordinarie etwas . . . zu profitiren . . . und gegen billige Entgeltniss sie dazu unterrichten."

Ernst Ludwig vermehrte auch die Einkünfte der Universität, so dass die Gehälter der Professoren für die damalige Zeit nicht schlecht waren. Sie lagen zwischen 600 Mark im Maximum und 240 Mark im Minimum, betrugen also durchschnittlich 300 Thaler**) preussisch.

Wurde das nun Veranlassung, die öffentlichen Vorlesungen zu vernachlässigen? Bereits 1578 wird im Herzoglichen Visitations-Rezess den Professoren der Spruch vorgehalten: Qui non laborat, non manducet. Item qui gaudet carere labore, careat mercede & honore. „Und sollen sonderlich die in Facultatibus [Juristen und Mediziner] ihre Praxin dermassen einziehen und mässigen, damit sie auch gleichwohl ihrer Lectionen, davon sie ihre stattliche Besoldung haben, warten können . . ."

Im dreissigjährigen Kriege, durch den Pommern an Schweden fiel,

---

*) Dähnert, a. a. O. II, 826.
**) Kosegarten, I, 211.

war nun die Universität innerlich und äusserlich wieder gänzlich herunter-gekommen. Ihre Güter und Dörfer waren verwüstet, ihr Vermögen aufgezehrt. Gehälter wurden jahrelang nicht gezahlt. Kein Wunder, dass da auch die Lektionen in desuetudinem gerieten. Der erste Königlich Schwedische Visitations-Rezess vom 19. September 1646*) beschäftigt sich mit allen diesen Dingen. Es wird versprochen, dass „der Herren Professoren geringe und zum nothdürftigen Unterhalt bey weitem nicht zulangende Salaria mit ehestem augirt und verbessert werden sollen." „Dagegen ein jeglicher . . . verbunden seyn soll, mit Lesen, Disputiren, Peroriren . . . seiner Vocation publice & privatim aufs emsigste zu warten und nicht zu verhängen, dass die Lectiones publicae, wie von etlicheu geschehen, negligiret werden . . . . Zu welchem Ende dann und damit diese böse Gewohnheit abgeschaffet werde . . . denen Studiosis, welche des gemeinen Tisches in der Communität geniessen, sub poena privationis eingebunden seyen soll, die Auditoria publica, so oft gelesen wird, zu besuchen und . . . andern mit ihrem guten Exempel vorzuleuchten." Alle Quartal soll auch ein Verzeichnis der gehaltenen Lektionen an das Königl. Gouvernement eingereicht werden, damit man die etwaigen Neglekten ersehen und bestrafen könne „und diese hohe Schule nicht bey andern, wegen Nachlassung der Lectionum publicarum, unglimpflich ausgetragen werde."

Hiernach zu urteilen, hing also der Ruf der Universität von dem Zustande der Lectiones publicae ab.

Die Gehälter werden 1653 gleichmässig auf 200 Rthlr. normiert, also noch 100 Thaler weniger, als im Jahrhundert zuvor durchschnittlich gegeben waren. In Aussicht genommen wurde die Erhöhung des numerus professorum auf 18. Wie aber der Visitations-Rezess von 1666, 16. Mai,**) besagt, konnten die noch nicht bezahlt werden, es bleibt also bei vierzehn ordentlichen Professoren, denen jetzt zugesellt werden sollen: in den obern Fakultäten je ein Extraordinarius, in der philosophischen zwei Adjunkten. Diese sollen mitarbeiten und die Jugend privatim und publice informieren, auch Aussicht auf spätere Anstellung haben, die Adjuncti speziell bei Besetzung vornehmer Pfarrdienste.

Was die Vorlesungen anlangt, so sollen alle Hauptwissenschaften

---

*) Dähnert a. a. O. II, 853.
**) Dähnert a. a. O. II, 877.

öffentlich teils in Jahres-, teils in Halbjahrskursen vorgetragen werden. „Die Extraordinarii sollen, was sonsten von andern nicht dociret wird, in publicis lectionibus lesen und treiben." Indes wird jetzt auch mit Privat-kollegs gerechnet, wie überall nach dem grossen Kriege in der Zeit der Reorganisation der Universitäten. Es heisst: „Daneben auch einem jeden oblieget, jährlich ein collegium lectorium sive disputatorium und zwar, so seiner Profession gemäss, zu halten und darin dasjenige, was publice von ihm nicht profitiret wird, zu treiben. Sollte auch ein oder anderer in dem, so seiner Profession anhängig, säumig seyn, mag einem andern, der auch sonst alienae professionis ist, worüber der Ordinarius keine Collegia pri-vata hält, privatim zu lesen und zu disputiren erlaubt sein."

Fügen wir noch hinzu, dass jeder Professor vierteljährlich einmal öffentlich disputieren musste, so kennen wir jetzt den Umfang seiner Amts-obliegenheiten. Er war nicht gross; denn die Gesamtzahl der jährlichen Lektionen ward nur auf hundert bemessen. Jede Versäumnis einer Lectio sollte 4 Mark Sundisch (annähernd 3 Thlr.) kosten, jede unterlassene Disputation oder (für den Professor oratoriae) Oration mit 2 Thlr. gebüsst werden; wegen nicht gehaltener Privatkollegia aber sollten 10 Thaler vom Salar gestrichen werden.

Im Jahre 1702 versuchte der Generalgouverneur Graf Mellin durch Verordnung vom 4. Januar den Professoren eine grössere wöchentliche Stundenzahl, vier nämlich, für die öffentlichen Vorlesungen aufzuerlegen und daneben nur noch Collegia examinatoria zur Pflicht zu machen. Aber der Visitations-Rezess vom 20. März desselben Jahres*) liess das gar nicht zur Ausführung kommen. Denn jetzt meint man sogar (§ 11), dass 80 jährliche Lektionen, d. h. also unter Berücksichtigung der Ferien höchstens zwei wöchentliche, genug seien, um die in § 7 aufgezählten Hauptlehr-fächer zu bewältigen. Allerdings wird den Professoren und Adjunkten auch befohlen, wie schon im Rezess von 1666 geschehen, Collegia privata lectoria, examinatoria, disputatoria zu halten, eine gewisse Stundenzahl wird hierfür jedoch nicht verordnet, sie kommen auch nicht in die seit 1666 immer um Neujahr veröffentlichte Series lectionum et disputationum publicarum, sondern werden jedesmal um Ostern und Michaelis am schwar-zen Brett intimiert. Von Vorlesungshonoraren verlautet nichts in diesem Rezess.

---

*) Dähnert a. a. O. II, 924.

6

Der Visitationsbescheid von 1730*) fügt wenig Neues hinzu. Bezüglich der Vorlesungen findet man dienlich zu sein, dass hinführo gegen die Zeit, da der Catalogus Lectionum pro Anno sequenti verfertiget werden soll, Facultates insgesamt zusammen treten und . . . deliberiren, was ein jeder Professor im Jahr vor Lectiones sowohl publicos als privatos zu halten habe, und stehet demnächst einem jeden Professori frei, dasjenige privatim zu dociren, was zu seiner Facultät gehöret.**) Wiederholt wird daran erinnert, dass die Lectiones publicae im öffentlichen Auditorium gehalten werden. „Sollte jemand ex Professoribus nicht im Stande sein, den Winter über im Auditorio lesen zu können, wird derselbe die . . . obliegenden Lectiones publicas in den Sommer-, wie auch guten Frühjahrs- und Herbst-Monaten . . . zu observieren beflissen sein." Die von Mellin in 1702 angeordnete Heizung der Auditorien war demnach, wie es scheint, noch nicht durchgeführt worden.

Im Visitations-Rezess vom 11. Mai 1775***) werden nun aber moderne Verhältnisse angebahnt. Die ordentlichen Professuren sind zwar noch immer wenig (15), aber die Gehälter werden sehr erheblich aufgebessert (Minimalgehalt 412 Thlr. nebst freier Wohnung und Materialgefällen), dafür aber auch das Lehramt zur ausschliesslichen Hauptaufgabe gemacht und demnach den Juristen alles Praktizieren bei Gerichten und Reisen nach ausserhalb untersagt. Die Lehrer bilden die drei Klassen der ordentlichen Professoren, Adjunkten†) und -Privatdozenten, die hier zum erstenmal erwähnt werden.

Jeder Professor soll halbjährlich ein Collegium publicum und wenigstens zwei privata lesen und zu Ende bringen, die Adjunkten ein publicum und ein privatum. Eine Verteilung des Lehrpensums auf die ehemaligen Lectiones publicae findet nicht mehr statt. Für die Privatkollegien wird eine Honorartaxe festgesetzt, und zwar werden die ersten halbjährigen Anfangskollegia mit 3 Rthlr., die, welche nachhin eine erweiterte Bemühung des Lehrers erfordern, mit 4, die grössern aber in Doppelstunden zu haltenden (Dogmatik, Pandekten, Universalhistorie) mit

---

*) Dähnert a. a. O. II, 957.

**) Vgl. dazu in den Statuten der jur. Fak. aus dem Anfange des 18. Jahrh. die Stelle cap. IX, 6: „Unus collegarum materiam, quam alter publice docet, non praelegito, cum id sine invidia & sugillatione fieri nequeat. Privatim vero sine noxa illud facito."

***) Dähnert a. a. O. Suppl. 2. 1786.

†) Die ausserordentl. Professoren waren 1702 abgeschafft worden.

6 Rthlr. bewertet. „Practische Collegia und andere, welche des Lehrers Kosten und Auslagen voraussetzen, werden nicht unbillig mit einigen Thalern mehr vergütet, sowie, wenn nur zwei Stunden in der Woche einem Collegio gewidmet werden, ein jeder Lehrer auch danach die Billigkeit zu beobachten hat."

Im Visitations-Rezess von 1795*) werden die vorgeschriebenen drei Collegia (1 publ., 2 priv.) für zu wenig erachtet, „da hiebey nur auf verhofte hinlängliche Anzahl von Adjunkten Rücksicht genommen gewesen; vielmehr erwarten Wir in Gnaden von einem jeden Professor, er werde sich von selbst nach den Bedürfnissen der Akademie richten, deren Mitglied er ist und deren Bestes zu befördern seine Pflicht erheischet." Zu lesen ist immer, „wenn gleich nur ein einziger Zuhörer sich findet."

In einem Patent vom 29. Januar 1796 endlich wird den Professoren empfohlen auf Pränumeration der Kollegien zu sehen, jedenfalls aber die Honoraria binnen vier Wochen nach Beendigung des Kollegs gerichtlich beizutreiben bei Verlust des Anspruchs.

Soweit reicht die unser Thema berührende Gesetzgebung für die Universität Greifswald unter Schwedischer Herrschaft. 1815 kam die Universität unter Preussische Verwaltung und folgte nun der Entwickelung, die das Preussische Universitätswesen im 19. Jahrhundert genommen hat. Es mag hier nur noch hervorgehoben werden, dass über etwaigen Erlass des Vorlesungshonorars in vorpreussischer Zeit keine gesetzliche Bestimmung ergangen ist; es wird wohl also in Greifswald so gut wie anderwärts das Freibitten beim einzelnen Lehrer geübt worden sein.

Kiel ist die erste nach dem dreissigjährigen Krieg gegründete Universität. II. Kiel. Sie wandelt zunächst in den Spuren ihrer Vorgänger, und von einem Wehen neuen Geistes ist in ihren Einrichtungen noch nichts zu spüren. Sie blieb auch ein ganzes Jahrhundert lang in den kläglichsten Umständen, und wenn das Bedürfnis ihres Daseins heute durch ihre staatliche Sicherstellung ausser Frage steht, so war beides früher doch sehr problematisch. Hätte sie ihr Leben nicht zufällig bis ins 19. Jahrhundert hinein gefristet, schwerlich wäre da oben noch in neuerer Zeit eine Landesuniversität gestiftet worden. Ihre Geschichte bietet wenig Interesse, und ich gehe hier nur darauf ein, um sie mit den übrigen preussischen Universitäten in der uns hier beschäftigenden Frage in Parallele zu stellen.

---

*) Dähnert a. a. O. Suppl. 3. 1799.

Ihren Charakter als Landesuniversität kennzeichnet der Stiftungsbrief Herzogs Christian Albrechts vom Michaelistage 1665 mit den Worten: „ . . . dem höchsten Gott zu Lob und Ehren und dieser Fürsten-
thumbe und Lande Eingesessenen zu sonderbahren nutz und frommen
eine Universität zu stifften . . .“*) Die Gehälter bewegten sich um 300
Thaler herum: 500 hatte der erste Theolog, 120 der letzte Philosoph.
Nach den allgemeinen Statuten von 1666 soll jeder Professor „bei seinen
Pflicht und Eiden“ vier Stunden in der Woche lesen und über seine
Leistungen Monatszettel einsenden. Versäumnisse werden am Salar abgezogen.

Privatkollegia werden noch nicht zur Pflicht gemacht. Dass sie gehalten wurden, entspricht der Sitte der Zeit, geht auch u. a. aus den
Fakultätsstatuten der Mediziner von 1665 hervor, wo es heisst: „Lectiones
publicas inter se dispescant Professores juxta tenorem vocationis“*) und:
„In privatis Collegiis cuique liberum esto, vel in theoreticis vel
practicis legendo et disputando studiosorum commodis inservire.“ Also
herrschte Lehrfreiheit im Gebiete der Privatkollegien.

Im Revisionsbescheid vom 22. Mai 1668 wird indes von den Professoren ein Privatkolleg gefordert: „Zum Zehenden soll ein jedweder
Professor nebst der Ihm incumbirenden lectione publica auch allemahl
ein privatum, sive lectorium sive disputatorium halten“. Jedoch soll
„Zum eilfften kein Professor dem andern in den publicis lectionibus oder
auch sonsten das die publicae den privatis und diese jenen behinderlich
wären Eintrag thun bey Vermeidung willkürlicher Strafe“.

Von Honorarien ist noch nicht die Rede.

Die verordneten Privatkollegs werden in einem Reskript Herzog Friedrichs vom 17. Febr. 1701 als Examinatoria aufgefasst:

„Wobey denn zugleich in denen privat-Collegiis die collegia examinatoria aller Facultatum Professoribus Ernstes recommendiret werden“.
Sonst aber sollen die Professoren ihr Pensum in einem halben Jahre zu
Ende bringen. Z. B.: „Der Juristenfakultät . . . befehlen Wir, dass Institutiones juris alle halbe Jahr, die Pandecten alle Jahre publice sowohl
im Lesen als disputiren zu Ende gebracht werden. Der Codicis Professor

---

*) Kiel. Univ.-Bibl. Cod. Ms. S. H. 175 A. fol.
**) Es waren bloss zwei, der Theoretiker und der Praktiker.

soll gleichfalls alle Jahre ad ductum oder methodum Cujacii Paratitlorum oder sonsten eines andern berühmten Scribenten die darin enthaltenen 9 Bücher absolviren."

Der Honorarfrage begegnen wir zuerst in dem „Reglement und Verordnung für die Universität" von 1707, erlassen infolge einer von Wedderkop und Muhlius vorgenommenen Revision.*) Hierin wird über die öffentlichen Lektionen und Privatkollegia folgendermassen geurteilt.

„Und weilen der Fleiss im Lesen und disputiren zu sonderbahrer Aufnahme der Academie und Studien gereicht, so ist Serenissimorum ernster Wille, dass ein jedweder Professor nebst der ihm incumbirenden Lectione publica auch wenigstens allemahl ein privatum Collegium in jeglicher profession, so er auff sich genommen halten, auch keine Stunde weder publice noch privatim es seyn wenig oder viel Auditores vorhanden verabsäumen soll . . . Auff dass man aber eines jeden Professoris Fleisses desto besser versichert werde, soll ein jeder Professor hinkünfftig nicht in seinem Hausse, sondern sowohl des Winters als des Sommers (es sey dann, dass die Kälte zu gross und die docentes sowenig als discentes sich davor bergen können) seine Lectiones publicas in dem Auditorio publico auch publice verrichten".

„Collegia privata betreffend so soll wie in andern disciplinis, also in specie in Theologicis . . . keinem der nicht praestanda praestiret . . . auch niemandem . . . ohne . . . Consens des Decani . . . dergleichen anzufangen vergönnet seyn. Wobey dann zugleich allen und jeden Professoribus in allen Facultäten die Collegia Examinatoria auffs fleissigste recommendiret werden. Und weilen vor allen andern Facultäten die Theologica Collegia am allergeringsten bezahlet werden, so sollen hinführo die Auditores denen Professoribus Theologiae, wann wenigstens 20 Personen in einem Collegio seyn, jedes viertel Jahr einen Rthaler zu geben gehalten seyn."

Hier haben wir also eine obrigkeitliche Taxe der Privatkollegia. Ein halbjähriges Privatkolleg soll danach einem Professor der Theologie 40 Thaler mindestens einbringen. Nehmen wir an, dass es wie das publicum vierstündig gehalten wird, so liest der Professor die Wochenstunde für 10 Thaler, und je nach der Höhe der Teilnehmerzahl entrichtet

---

*) Abgedr. in Henr. Muhlii Dissertationes hist.-theologicae. Kiel 1715. 4. S. 257 ff. und in Thiess, Gelehrtengesch. der Univ. zu Kiel. 1800. I, 159 ff.

der Student für die Wochenstunde mehr oder weniger als einen halben Thaler. Die Berechnung ist gar nicht so übel, wenn man die Honorareinnahme in Beziehung setzt zum Gehalt. Dieses betrug derzeit in Kiel im Durchschnitt 400 Thaler für die Theologen; durch ein einziges Privatkolleg erhöhte also ein Lehrer seine Einnahme um den fünften Teil.

In diesem letzten Punkt hat das Reglement seine Wirkung vielleicht weniger verfehlt als in den übrigen. Denn nicht lange, so geriet die Universität teils aus äussern Gründen, teils und hauptsächlich durch den Unfleiss und die Pflichtvergessenheit der Professoren in den tiefsten Verfall. Und gerade Herr Muhlius selbst trug die Hauptschuld daran. Es ist äusserst lehrreich, einmal an einem Beispiel zu zeigen, welche Zustände noch im vorigen Jahrhundert*) an einer deutschen Universität möglich waren, und weil es auch Licht wirft auf das Verhältnis der öffentlichen und der Privatvorlesungen, so will ich hier etwas ausführlicher auf die Beschaffenheit der Kieler Universität im dritten Dezennium des 18. Jahrhunderts eingehen.

Im Jahre 1722 war der pflichteifrige und nicht unbedeutende Jurist Harpprecht von Wien nach Kiel berufen. Die Verhältnisse, die er da antraf, veranlassten ihn, unterm 3. Februar 1724 eine „Relation von dem betrübten Zustand der Universität zum Kiel" an die Herzogliche Regierung zu schicken, die durch die Unumwundenheit des Ausdrucks den Eindruck grösster Glaubwürdigkeit macht.**)

Harpprecht schildert zunächst die Universitätsgebäude als gänzlich verfallen: Wände, Dächer und Fenster seien zerbrochen, so dass Schnee und Regen und Wind aller Orten durchdringen und Niemand sich vor dem Unwetter schützen könne; insonderheit sei das Auditorium juridicum ganz grün von der Feuchtigkeit, die Mauern seien zerspalten und die Fenster „zerrissen, als ob die Hund dardurch gesprungen" u. s. w.

Die theologische Fakultät habe statt drei nur zwei Theologen, die dritte Stelle hat der Primarius und Procancellarius Muhlius (der ausserdem noch die Generalsuperintendentur bekleidete) an sich gezogen. Der-

---

*) Viel besser sah es in Kiel auch noch am Anfange des 19. Jahrhunderts nicht aus. Anselm Feuerbach schrieb von Kiel 12. März 1804: „Völlig zerrütteter Zustand der juristischen Fakultät, um die kein Mitglied sich bekümmern mag. Ungeheure Saumseligkeit. — Keiner im Consistorium kennt die akademischen Gesetze und Statuten." Ratjen, Gesch. d. Univ. Kiel. 1870. S. 33.

**) Kieler Univ.-Bibl. Cod. Msc. S. H. 106. B.

selbe korrespondiere mit den Synkretisten und weiche ab von der Formula Concordiae, so dass die Studenten der Theologie die Universität mieden. Übrigens sei er von grossem Unfleiss, habe schon zwölf Jahre lang fast keine Collegia weder publica noch privata gehalten, niemals im Auditorium gelesen, vielweniger eine Disputationem solennem oder Fridericianam gehalten. Dabei sei er der Alleinherrscher und terrorisiere die ganze Universität. Fleissiger und auch orthodox sei der andere Theologe Dr. Friese, welcher „neben mir das vor denen Auditoriis Theologico und Juridico gewachsene Grass untertretten helffen;" er muss aber von Muhlius viel Verfolgung leiden.

In der juristischen Fakultät hat nur Harpprecht publice und privatim fleissig gelesen. Seine Kollegen sind Ignoranten, ehemalige Hofmeister bei Holsteinschen Adelichen und weiss Gott wie zur Professur gekommen. Sie treiben allerhand Praxis, der eine für den genannten Adel, der andere für die Hamburger Kaufmannschaft.

Die medizinische Fakultät vertritt der einzige Professor Waldschmidt. Er liest aber nicht, sondern geht seiner Landpraxis nach; er zeigt sich nur in der Universität, wenn er seine Besoldung und sonstige Emolumente erhebt.

In der philosophischen Fakultät sei Majus seit 1693 Professor eloquentiae et historiarum und von jeher grossen Unfleisses beschuldigt. Er thue nichts mehr, sei auch über 70 Jahr alt, also keine Besserung zu hoffen. Somit liege die wichtigste Professur darnieder. Die übrigen Professoren seien zum Teil zu alt, zum Teil träge. Professor Genzke z. B. setze keinen Fuss ins Auditorium, lese dagegen privatim, was er publice lesen sollte. Gut seien bloss der Prof. Graecae & Orient. Lingu. Opitius und der Mathematiker Kosius; sie könnten aber allein der Universität auch nicht aufhelfen.

Harpprecht schlägt nun folgende Remedia vor. Zunächst im allgemeinen 1) das Studium Orthodoxiae der Theologen; 2) und 3) das Studium Concordiae und Aequalitatis unter den Kollegen; 4) eine Aequalitas ratione Salariorum, die Faulen haben die Besoldungen an sich gerissen, die Fleissigen darben; 5) das Studium diligentiae; 6) eine bessere Ordnung der Disputationen.

Zum fünften Punkt führt Harpprecht folgendes an. „Dann obzwarwohlen alle halb Jahr in denen Catalogis lectionum viele magnifica versprochen und Publice promittiret, auch was grosse Arbeit man das ab-

gewichene halbe Jahr praestiret, weit und breite Rotomontaden gemachet
werden, so seyn doch die Kieler Catalogi bey der meisten Professorum
reichskundigen Unfleiss in solchem Credit, dass die Studiosi solche un-
gescheuet als (cum venia) Lügen Zettel ausschreien, und wann auch ein
ehrlicher fleissiger Mann etwas hineinsetzet, diesem ebensowenig als den
andern Glauben zugestellet wird . . . Dahero kommt es dann, dass
wenige fleissige in das Auditorium gehen, die andern aber ohngescheuet
aussbleiben, so dass der mit Steinern gepflasterte Platz mit Grass bewachsen
und die Natur selbst uns unsern Unfleiss vorhält."

Es wäre also besser, meint Harpprecht, man hielte weniger ordentliche Professoren, besoldete sie ausreichend und verpflichtete sie zu ihren
lectionibus publicis durch Wiedereinführung der alten löblichen Ordnung,
dass der Pedell die Doctores und Professores legentes täglich notiere und
die Liste monatlich oder wöchentlich den Deputatis Fisci academici ein-
reiche, damit von der Besoldung für jede versäumte Lektion ein Prozent
abgezogen werde.

„Es opponiren zwar auch einige, sie halten ihre Lectiones zu Hauss und
hätten vieler Bücher, so sie denen Studiosis weysen müssten, von nöthen,
so sie in die Auditoria nicht mittragen könnten, es ist aber dieses allein
ein Tegumentum Negligentiae."

„Es ist auch eine andere Exception, dass nämlich in dem Winter man
in denen Auditoriis nicht wohl subsistiren könne, allein wäre diesem auch
leicht zu begegnen, wann Serenissimus Nutrius vor die studirende Jugend
die Gnade haben wollte, dass ein paar Auditoria zu Auditoriis hybernis
gerichtet und dazu jährlich auss denen nächstgelegenen Bordesholmischen
Waldungen etwa 30. bis 40. Fahden Holtz geliefert würden, da den etwa
noch sich ergebenden Abgang man entweder auss denen Neglectibus Professorum oder wie auf andern Universitaten gebräuchlich, durch die von
denen Studiosis samlende Lignalien . . . könne suppliret werden."

Soweit die Harpprechtschen remedia generalia. Die specialia anlangend, so richtet er sein Augenmerk nicht auf die Privatlektionen, sondern auf die öffentlichen. So hält er z. B. in der juristischen Fakultät
drei Professoren für genügend, nur müssten ihnen alle Allotria untersagt
werden. Unter sie wären auch die Partes Jurisprudentiae „dergestalt zu
vertheilen, dass einer Jurisprudentiam universalem oder das sogen. Jus
naturae & gentium samt dem Jure feudali et publico und der dazu-
gehörigen teutschen StaatsHistorie, als welches lauter Connexa seyn und

eines aus dem andern fliesset; der andere aber das Jus Civile Romano-Germanicum & Statutarium cum usu moderno; der dritte das Jus Canonicum et Praxin forensem tam civilem quam criminalem publice lesen sollen, dann auff diese weyse kan in zwey Jahren der erste alle vier partes seines Officii, der andere aber die Pandectas cum Usu moderno und der dritte die Jurisprudentiam ecclesiasticam und Praxin forensem gantz commode absolviren, würden also die Studiosi in den Stand gesezet, dass sie in 2. höchstens 3. Jahren, wann sie auch keine Collegia privata frequentiren, sondern allein die Lectiones publicas hören wollen, die gantze Jurisprudenz anhören und erlernen könnten."

U. s. w. Die Antwort auf die Harpprechtsche Denkschrift bildet wohl in der Hauptsache der Visitations-Rezess vom 9. Januar 1725.*) Nicht alle Beschwerdepunkte finden darin ihre Berücksichtigung, namentlich vermisst man ein Eingehen auf die üblen baulichen Zustände des Universitätshauses, das erst im Jahre 1768 neu gebaut wurde.**) Die Gehälter werden (Anlage A) um ein Geringes verbessert. Die Anlage B, die uns hier vorzugsweise interessiert, enthält eine „Generale academische Verordnung in diversis. Wie die Lectiones academicas ordentlich einzurichten und die Professores zu mehrern Fleiss anzuhalten." Dazu sollen folgende Regeln dienen.

1) Alle Professoren ohne Ausnahme sollen im öffentlichen Auditorium lesen.

2) Sie sollen keine einzelnen Materien, sondern ein ganzes System vornehmen und in Jahresfrist absolvieren, die Institutionen in einem halben Jahre.

3) „Die Lectiones Publicas sollen Sie, soviel möglich, continuo cursu, Von dem Martio an, ausgenommen die Hundstage, bis im Decembr., so lange man wegen der Kälte in Auditoriis dauern kann, ohne Machung einiger Ferien absolviren."

4) Es soll wochentäglich, ausser Mittwoch und Sonnabend, gelesen werden.

5) Für die actus publici ist der Mittwoch bestimmt.

6) „Von dieser necessitate legendi soll ausser Gottes Gewalt und Unserer Permission niemand, wer der auch sey, dispensiren können."

---

*) Cod. Ms. S. H. 106 B.
**) Nachdem es nämlich so verfallen war, dass deshalb 1765 das hundertjährige Jubiläum nicht hatte gefeiert werden können.

7) „Was biss in Decembr. an dem numero Lectionum*) nicht absolviret, soll ein jeder das letzte Winter-Quartal zu Hause suppliren und dero-
wegen von seinen Auditoribus [!] ein beglaubtes Testimonium beyzubringen
schuldig sein."

8—10) Der Pedell soll die Lektionen täglich aufschreiben. Jede
Versäumnis kostet den zweihundertsten Teil des Gehalts.

11) Für dies Geschäft erhält der Pedell 10 Thlr. ex fisco.

12) Den Professoren juris wird alles Praktizieren verboten.

13) „Sollen alle Collegia privata innerhalb Jahresfrist, die Collegia
oder Institutiones juris aber in einem halben Jahr absolviret werden."**)

14) Kein Professor med. soll ohne besondere Erlaubnis ausser der
Stadt praktizieren.

15) Der Professor med. primarius soll im Sommer die gerichtliche
Medizin auch für die studiosi juris publice dozieren. „Weiters aber
soll er allzeit die Anatomie und Chirurgie loco lectionum umsonst dociren, damit sich deren anderer Facultaeten Studiosi wie nicht minder die
Chirurgi bedienen können."

16) „Soll der Prof. med. secundarius Sommerszeit loco lectionum
publicarum mit denen sich angebenden Studiosis 50mal herbatim gehen,
die übrigen 50***) lectiones aber zur Explication der Aphorismorum
Hippocratis oder eines andern guten Systematis anwenden."

17) (Handelt vom Professor matheseos und seinen Instrumenten.)

18) „In denen Stunden, da publice gelesen wird, soll kein Professor ejusdem Facultatis privatim dóciren, vielweniger seine privat
Auditores auf andere Weise von Lectionibus publicis abhalten, bey Zehen
Reichsthlr. Strafe, ausser diesem aber soll ein jeder privatim dociren
können, worüber er will, wann es nur zu seiner Facultaet gehörig ist."

Soweit der Rezess von 1725. Wie man sieht, beschränkt sich die
Lehrpflicht auf die öffentlichen Lektionen, die Lehrfreiheit geht auf die
Privatkollegia. Von dem früher verordneten pflichtmässigen einen Privat-
kolleg ist keine Rede mehr.

Nun hat aber sicher schon im Laufe des 18. Jahrhunderts die Lehr-

---

*) Der numerus betrug 200 Jahres- oder 100 Semester-Stunden. Vgl. unter 16).

**) Also ganz wie die Lectiones publicae. Vgl. aber unter 18).

***) Oder soll es, auf das ganze Jahr bezogen, 150 heissen? In meiner Hschr
steht 50, Ratjen druckt 150. (Schriften der Univ. Kiel 1858. V, 75.)

freiheit über die Lehrpflicht gesiegt. Letztgenannter in der vorgeschriebenen Weise zu genügen verbot schon der Mangel benutzbarer öffentlicher Auditorien. Demnach finden wir gegen Ende des Jahrhunderts die Honorare so eingebürgert, dass sie offiziell zum rechtmässigen Einkommen der Lehrer gerechnet werden.

Im Kreditgesetz vom 22. Februar 1776 erfolgt die erste gesetzliche Regelung der Kollegienhonorare. Indem sie, wie an allen übrigen deutschen Universitäten dieser Periode, wo Kreditgesetze für die Studierenden erlassen werden, mit unter die privilegierten Schulden (Honoraria der Professoren, Miete, Tisch- und Waschlohn etc.) gerechnet werden, heisst es dann:

„Die eingeführten und nach Billigkeit bestimmten, auf deutschen Universitäten gewöhnlichen Collegiengelder haben die Studirenden längstens binnen 4 Wochen nach dem Anfange der Vorlesungen zu entrichten oder im Falle des Unvermögens den freien Zutritt zu denselben binnen eben dieser Frist zu erbitten, und nach Verlauf solcher Frist muss der Lehrer die Nachstände von den Säumigen einfordern. Und ob wir gleich es eines jeden Lehrers eigenem Gutdünken überlassen, ob er, wenn dennoch Jemand mit der Bezahlung ausbliebe, sich, nach Ablauf des ersten Quartals, an das Consistorium wenden und die Beitreibung des Geldes bewirken oder damit noch länger warten wolle: so soll ihm doch obliegen, in den ersten 14 Tagen oder 3 Wochen nach Endigung des Collegii seine Befriedigung durch obrigkeitliche Hülfe ernstlich zu suchen, wenn er sich nicht selbst beizumessen haben will, dass ihm in der Folge kein rechtlicher Beitritt zur Erlangung des rückständigen Honorarii angedeihen kann.“

Da diese Vorschriften nicht wirkten, so erging noch im Herbst desselben Jahres ein Königl. Reskript, die Bezahlung der Honorarien betreffend. Der König kann nicht gestatten, „dass treuen Lehrern ein Theil ihres rechtmässigen*) Einkommens erschweret oder gar entzogen werde“ und setzt eine Deputation, bestehend aus dem Prorektor und den vier Dekanen, ein zur Eintreibung der ausstehenden Honorare, verfügt auch, dass Niemand ein Abgangszeugnis erhalten solle, der noch Honorare schuldig sei. Um 1796 übertrug das akademische Konsistorium (= Senat) der Honorarien-Deputation die Einkassierung der

---

*) Privatrechtlich oder öffentlich-rechtlich?

Honorare überhaupt, so dass nicht mehr an den einzelnen Lehrer bezahlt wurde. Auch das Freibitten bei demselben fiel fort. Gesuche um Befreiung von der Honorarpflicht sollte der Dekan der philosophischen Fakultät entgegennehmen. Die Freischeine, die auf ganzen oder halben Nachlass lauteten, je nachdem der Petent weniger als 150 bezw. 200 Thaler Jahreswechsel nachwies, waren jedoch nur interimistisch: der Inhaber übernahm nämlich zugleich „die seiner Ehrliebe und Gewissenhaftigkeit überlassene Verpflichtung, bei erfolgendem spätern Glückswechsel die erlassenen Honorarien nachzuzahlen."

Auch diese Abmachung der Professoren erfüllte ihren Zweck nicht. Was hat man doch alles versucht, um den richtigen Modus zu finden! Überall ein Tasten und Probieren, was zum guten Teil mit aus der Unklarheit über den rechtlichen Charakter der Kollegienhonorare entsprang. Und dieser rechtliche Charakter steht heutzutage noch nicht fest.

In Kiel stellte es das Kanzlei-Patent vom 10. August 1817 zunächst jedem Lehrer wieder frei, die Honorare zu erheben oder gänzlich zu erlassen. Für den Fall aber, dass er sich der Hülfe der desfalls angeordneten Commission bedienen will, muss er event. Stundung auf sechs Jahre gegen Schuldschein gewähren, solchen Studierenden nämlich, die unter 240 Thaler jährliche Einnahme haben. „Nach Ablauf dieser Frist steht den Professoren, welche die Honoraria creditirt haben, die Einklage ihrer Forderung bei dem ordentlichen Gerichtsstande des Schuldners frei."

Die genannte Commission oder Deputation bestand nach einer erneuten Honorarien-Ordnung von 1830 aus einem der vier Dekane und dem Universitäts-Syndicus. Gegen die säumigen Schuldner verfuhr man von jetzt an mit Stadtarrest und schrieb derweilen an die Eltern und Vormünder.

Endlich im Jahre 1846 führte man die preussische Quästur-Einrichtung ein. Das war das Kolumbus-Ei, das die Frankfurter Universität noch kurz vor ihrem Ende entdeckt hatte.

Wie sich die Verhältnisse in Kiel unter preussischer Verwaltung gestaltet haben, unterlasse ich hier näher zu beschreiben.

Wie es mit den Vorlesungen auf den brandenburgisch-preussischen Universitäten gehalten worden ist, soll kürzlich an den Beispielen von Königsberg, Frankfurt und Halle gezeigt werden.

2. Königsberg.

Die Constitutiones academiae Regiomontanae von 1546*) kennen offiziell nur öffentliche Vorlesungen. Arnoldt (S. 182) bemerkt darüber:

„Der Hauptzweck warum öffentliche Lehrer auf Universitäten verordnet werden, gehet ohne Zweifel dahin, dass die studirende Jugend und besonders diejenige, so die zum besondern Unterricht erforderte Unkosten nicht aufbringen können, aus den öffentlichen Vorlesungen derselben ohnentgeltlich die nöthigen Gründe der Wissenschaften, Künste und Sprachen erlernen, und also zum Dienste der Kirchen, Schulen und des gemeinen Wesens zubereitet werden mögen."

Die genannten Constitutiones schreiben hiernach den einzelnen Fakultäten genau vor, was in den publicis Lectionibus zu traktieren sei. Vier Stunden soll jeder Professor wöchentlich lesen, indem der Mittwoch und der Sonnabend Vakanztage waren „quibus privatorum scripta recognoscantur et ratio studiorum ineatur, nisi forte quis extraordinarie aliquid proponere malit." Von privati praeceptores ist die Rede nur in dem Sinne von Tutoren für die jungen Studenten: „Cum juvenilis aetas neque de studiis neque de lectionibus recte judicare possit, privati Praeceptores praescribant discipulis certam discendi rationem etc." Diese schon auf den mittelalterlichen Universitäten bestehende Einrichtung ging wesentlich nur die Artisten an. In den Statuten von 1554 werden zehn ordentliche Lehrer aufgezählt: „Et hi quidem sunt, qui publicis Stipendiis ad docendum conducti sunt." Diese können sich in numerum Collegii Philosophici Andere zugesellen, denen „potestas sit privatim praelegendi, habendi discipulos et prae caeteris expetendi publicas functiones in hac schola, si quando locus vacarit." „Illud vero," heisst es jedoch in den Constitutiones, „non est concedendum, ut fastidiantur publicae lectiones ac privatae anteferantur." Und die Statuten von 1554 wiederholen dies mit den Worten (cap. IX.): „Si quis privatas lectiones habebit, eae instituantur collato Consilio cum Decano, qui supremus erit Lectionum Inspector, et accedat talis moderatio, quae et concordiae inserviat, nec publicas lectiones impediat, nec earum ordinem interturbet."

Was hier zunächst von den Artisten gesagt ist, gilt mutatis mutandis auch von den übrigen Fakultäten. Statt der privati praeceptores stehen den ordentlichen Professoren Adjuncti, ausserordentliche Professoren und sonstige Doktoren zur Seite mit der Befugnis, private, eventuell auch öffent-

*) Arnoldt, Historie der Königsb Universität. 1746. I. Beilage 46. Auch bei Grube, Corpus constit. Prutenicarum. 1721. fol.

liche Vorlesungen nach Bestimmung der Fakultät zu halten, jedoch unter Ausschliessung aller Konkurrenz mit den ordentlichen öffentlichen Lektionen. Demgemäss sagen z. B. die Statuten der Theologen in Kap. VIII (Arnoldt I, Beilagen S. 236): „Qui privatim legit, disputat vel aliquid proponit, faciat hoc diebus extraordinariis Mercurii, Saturni, Ordinariis autem a XII. ad I. In reliquis ordinariorum dierum horis ab ejusmodi exercitiis abstineto."

Diese Bestimmungen des 16. und 17. Jahrhunderts will König Friedrich Wilhelm auch noch im 18. aufrecht erhalten, nachdem auch in Königsberg zu dieser Zeit die Privatkollegia seitens der Professoren bevorzugt worden waren. Er schreibt an die Universität unterm 17. März 1717: „Nachdem Wir bissher missfällig vernommen, was gestalt einige Professores ordinarii, ob sie gleich ihr Salarium richtig empfangen, dennoch ihre Lectiones publicas unter dem unerheblichen Vorwande, dass nicht Auditores genug bey ihnen sich finden, sondern sie einen certum numerum haben müssen, unfleissig tractiren . . . als wollen Wir hiermit allergnädigst verordnet haben, dass alle Professores ordinarii, gemäss denen Statutis, ihre angeordnete vier Stunden in der Woche zu denen Lectionibus publicis fleissig anwenden . . . und wann hinführo ein oder ander Professor diese ihm obliegende Pflicht negligiret, von desselben Salario alsdann etwas vor jede versäumte Stunde abziehen zu lassen und solches . . . dürftigen Studiosis . . . zu widmen veranlasset werden mögen, als welchen, indem es ihnen an Mittel Privat-Collegia zu bezahlen ermangelt, vornemlich daran gelegen, dass die Lectiones publicä fleissig beobachtet werden, anderer gestalt sie in ihren Studiis mit keinem Nutzen fortkommen, sondern gar zurück bleiben würden." (Arnoldt I, Beil. No. 68.)

In einem Erlass vom 18. Oktober 1732 befiehlt der König wiederum, „dass in allen Facultäten bey Verlust des Salarii alle Professores wenigstens vier Stunden wöchentlich publice lesen, und sonst der Jugend durch nützliche Collegia zu statten kommen sollen."*) Wie er aber in diesen öffentlichen Vorlesungen die Hauptteile der betreffenden Fakultätswissenschaften abgehandelt wissen will, beweist seine „Erneuerte und erweiterte Verordnung" vom 25. Oktober 1735.**) Danach soll z. B. die theologische Fakultät „dergestalt ihre Collegia publica einrichten, dass es Studiosis in keinem Jahr an Gelegenheit fehle, alle Partes Studii Theo-

---

*) Arnoldt I, Beil. No. 53.
**) Ebenda, Beil. 54.

logici zu hören" und zwar sollen diese Teile von je zwei Professoren zu verschiedenen Tagesstunden gelesen werden, „damit wenn eines Studiosi Umstände es nicht leiden, ein Collegium bey einem Professor zu hören, er doch solches bey einem andern hören könne." Gleicherweise wird den Professoren der philosophischen Fakultät aufgegeben, jedes Semester in den Lectionibus publicis eine Science zu Ende zu bringen, „damit die Studiosi, vornämlich die arm sind, alle Theile der Wissenschaft publice und ohnentgeldlich auf der Academie zu hören Gelegenheit haben . . . . Will aber ein Professor Philosophiä eine specielle Materie weitläuftiger abhandeln, so kan er solches privatim thun."

Diese Vorschriften scheinen aber, wie wir das noch bei Halle sehen werden, bald nach dem Tode Friedrich Wilhelms in Vergessenheit geraten zu sein. Denn unterm 28. Dezember 1751 erging ein Reskript der Königlichen Regierung zu Königsberg an den akademischen Senat mit den Eingangsworten: „Wir haben höchstmissfällig vernommen, dass die Professores sich mehrentheils auf Collegia privatissima legen, die publica aber entweder gar nicht halten oder doch sehr negligiren." Es wird demnach befohlen, diese Unordnung abzustellen und fleisig publice zu lesen.

Das scheint denn gewirkt zu haben. Denn Goldbeck*) schreibt um 1782: „Alle ordentliche Professoren . . müssen wöchentlich vier Stunden öffentlich und unentgeldlich lesen; die ausserordentlichen aber zwey Stunden. Diese öffentlichen Vorlesungen wurden ehedem in den vier akademischen Hörsälen im Kollegio Albertino gehalten, seit vielen Jahren aber gewöhnlich in den Privatauditoriis der Professoren in ihren eigenen Wohnungen." Dafür bezogen sie ihre Gehälter**) und sonstigen Emolumente.

„Die übrigen Einkünfte hängen von den Privatvorlesungen ab. Das gewöhnliche halbjährige Honorar für ein Kollegium ist 3 bis 4 Thaler, je nachdem 4 oder 6 Stunden wöchentlich gelesen werden, doch ist das Honorar für einige Kollegia höher z. B. für ein Kollegium über die Experimentalphysik und dgl. Uebrigens ist nichts gewisses darüber festgesetzt und das Honorar hängt gröstentheils von der Bestimmung der akademischen Lehrer selbst ab, welches auch sehr

---

*) Nachrichten von der Univ. zu Königsberg. 1782. 8. S. 37.
**) Die Gehälter waren nicht bedeutend. Es galt im ganzen 18. Jahrh. die Skala von 1697, wonach durchschnittlich etwa 160 Thaler gezahlt wurden. S. Grube, Corp. const. Prut No. CXI.

billig ist, indem es nur für Privatvorlesungen gegeben wird und die öffentlichen Vorlesungen unentgeltlich gehalten werden."

Goldbeck (S. 263) erwähnt auch, dass Privatkollegia gewöhnlich schon vor acht bis zehn Zuhörern gelesen werden, oft auch, besonders in der medizinischen Fakultät, vor vier bis fünf, da die Anzahl der Mediziner sehr gering war. In den Jahren 1765 bis 1768 wurden z. B. nur 7 bis 10 Mediziner immatrikuliert. Die öffentlichen Kollegia würden aber auf alle Fälle gelesen, selbst wenn nur zwei Zuhörer zugegen wären.

Bemerkenswert ist übrigens die Konkurrenz der Professoren in der Richtung, dass einundderselbe Gegenstand von dem einen Professor publice, von dem andern privatim vorgetragen wird. So liest z. B. nach dem Lektionsverzeichnis von 1781/82 Braun die Pandekten von 3—4 Uhr öffentlich, Holtzhauer von 10—11 Uhr privatim, beide nach demselben Lehrbuch von Hellfeld. Desgleichen liest Buck die Metaphysik nach Feder privatim von 2—3 Uhr, Kant dieselbe nach Baumgarten öffentlich von 7—8 Uhr.

Privatim zu lesen war im Übrigen die eigentliche Funktion der Privatdozenten, die eben daher ihren Namen haben. So verstattete in Königsberg z. B. die medizinische Fakultät nach ihren Statuten allen Doktoren, welche gehörig promoviert waren, privatim alle Teile der Arzneiwissenschaft vorzutragen. Sie mussten sich aber vorher in die Fakultät aufnehmen lassen und dem Dekan jederzeit anzeigen, was und in welchen Stunden sie lesen wollten, damit die öffentlichen Vorlesungen darunter nicht litten.*)

In dem abgelegenen Königsberg erfreuten sich die öffentlichen Vorlesungen über Hauptfächer noch bis weit in das 19. Jahrhundert hinein einer Pflege wie an keiner andern deutschen Universität. Die erwähnten Verordnungen und Reskripte von 1735 und 1751 sind sehr löblich befolgt worden und eigentlich erst durch die neuen Statuten von 1843 aufgehoben worden. So liest z. B. Rosenkranz 1836 neben einem fünfstündigen Privatkolleg über die Geschichte der Philosophie ein fünfstündiges Publikum über Psychologie. Der Jurist Backe liest 1837 Familien- und Erbrecht sogar sechsstündig publice, während der Mediziner Burdach die allgemeine Anatomie in vier Stunden und dazu die Knochen- und Bänderlehre in drei Stunden öffentlich vorträgt. Die Statuten von

*) Goldbeck, S. 76.

1843 enthalten keinerlei ausdrückliche Verpflichtung der Professoren zu Privatvorlesungen, im Gegenteil ist im § 105 nur die Rede vom Recht, Vorlesungen zu halten, worunter natürlich Privatvorlesungen zu verstehen sind. Verpflichtet dagegen ist nach § 140 jeder ordentliche und ausserordentliche Professor, in jedem halbjährigen Cursus eine öffentliche durch das Halbjahr fortlaufende Vorlesung über einen Hauptzweig seiner Wissenschaft unentgeltlich zu halten. In der That eine merkwürdige Abwägung von Amtsobliegenheiten: auf der einen Seite das Recht, Privatvorlesungen gegen Honorar zu halten, jedenfalls der Hauptinhalt der akademischen Lehrstelle, auf der andern die für den gesamten Lehrbetrieb wenig ausmachende Pflicht, ein in der Stundenzahl ganz unbestimmt gelassenes Publikum zu lesen. Man muss sagen, dass die alten Universitätsstatuten die amtlichen Funktionen der Lehrer weit schärfer zum Ausdruck brachten.

Um die Regelung des Honorarwesens bei der Universität Königsberg hatte sich die preussische Regierung bis zum Anfang des 19. Jahrhunderts nicht besonders gekümmert. Abgesehen von einer bei Halle noch zu erwähnenden Verordnung Friedrichs des Grossen von 1764, betreffend die Vorlesungshonorare der evangel.-lutherischen Theologen, galten seit Ende des vorigen Jahrhunderts die bezüglichen Bestimmungen des Allgemeinen Landrechts. Im Jahre 1810 wird vom vorgesetzten Ministerium die Errichtung einer Quästur angeregt, und die betreffenden Vorschläge der Universität Frankfurt, von der demnach der erste Gedanke an dieses Institut ausgegangen zu sein scheint, werden zur gutachtlichen Prüfung übersandt. Der Senat hat sich aber zunächst ablehnend verhalten, indem er in seinem Bericht an das Kuratorium unterm 31. März 1811 u. a. darauf hinwies, dass jährlich kaum 3000 Thaler Honorare einkämen, weil erstens die Mehrzahl der Studierenden unbemittelt sei und zweitens die meisten Hauptkollegia in allen Fakultäten publice gelesen würden.*) Indessen beide Momente müssen wohl bald hinfällig geworden sein; denn im Jahre 1819 wird von Königsberg aus beim Unterrichtsminister die Einführung einer Honorarienordnung beantragt.**) Nunmehr erfolgt durch Minist.-Reskript vom 17. Februar 1821 die Einrichtung einer Quästur, indem dem Rendanten der Universitätskasse gegen eine Remuneration von 2% der Hono-

---

*) Königsberger Kuratorial-Akten B. 92. vol. I.
**) Akten des Unterr.-Min. U. I. VII. Abt. No. 3.

rare aufgetragen wird, als akademischer Quästor die Kollegienhonorare von den Studierenden einzuziehen. Dass es aber jedem einzelnen Lehrer noch überlassen blieb, Stundung und Erlass zu gewähren, hatte einen Missbrauch sowohl im Freibitten als im Freigeben zur Folge, so dass die Bezahlung der Kollegien eigentlich zur Ausnahme wurde. Hierin nun endlich Ordnung zu schaffen musste der Staatsverwaltung umsomehr nahegehen, als sie nicht im Stande war, die Gehälter der Professoren gebührend zu erhöhen. In der Cirkularverfügung vom 7. Oktober 1823*) wird deutlich auf die Unmöglichkeit hingewiesen, den Professoren durch Erhöhung ihrer Besoldungen eine angemessene Entschädigung für den Verlust zu gewähren. Das liegt auch auf der Hand: hatte der Staat einmal im Gegensatz zu früher das System der Privatvorlesungen für den akademischen Unterricht angenommen, so dass diese zur amtlichen Aufgabe der Professoren wurden, so gehörte auch das Honorar als eine Gebühr für amtliche Funktionen mit zur Besoldung, es hatte mit den „Privat"-Vorlesungen selbst den privaten Charakter verloren. Diese Auffassung tritt auch hervor in einem Reskript des Kurators Reusch an den Senat der Universität Königsberg vom 29. Mai 1829,**) worin es heisst:

„Meinerseits wünsche ich nichts sehnlicher, als durch einen reichlichen Eingang von Honoraren den Herren Docenten diejenige grössere Belohnung gewährt zu sehen, die der Staat durch Aussetzung von Gehalten allein zu beschaffen nicht im Stande ist."

Am 9. Juli 1832 erliess denn der Minister von Altenstein ein „Reglement über die Meldung der Studierenden zu den Vorlesungen und die Bezahlung des Honorars auf der Königlichen Albertina-Universität zu Königsberg," das zwar dem Berliner Reglement vom 11. April 1831 nachgebildet ist, aber doch einige Eigentümlichkeiten hat. Das Wichtigste daraus ist, dass die Pränumeration zum ganzen Betrage eintreten soll, dass kein Erlass mehr gewährt wird, sondern nur Stundung bis auf sechs Jahre nach dem Abgange von der Universität, und endlich, dass — auf besondern Wunsch der Königsberger Professoren — der hergebrachte Honorarsatz statutarisch festgelegt wird. In dieser Beziehung nämlich bestimmt der § 10:

„Bei der Bestimmung des Honorars für die Vorlesungen ist die bisherige . . . Gewohnheit beizubehalten, wonach mit Ausnahme von Vor-

*) Koch, die preuss. Universitäten. 1840. II, 264.
**) Minist.-Akten U I. VII. Abt. No. 3.

lesungen, welche Auslagen der Docenten veranlassen oder eigenthümlicher Sammlungen bedürfen, die Honorare für jede wöchentliche Stunde einen Thaler, also für vier Stunden wöchentlich vier Thaler halbjährlich, für zwei Stunden zwei Thaler in der Regel gezahlt werden."

Dabei ist es nun im wesentlichen bis heute verblieben, obwohl sich, wie aus der im 125. Heft der „Preussischen Statistik" von 1894 gegebenen Einzelnachweisung ersichtlich ist, die Tendenz nicht verkennen lässt, in allen Fakultäten mit Ausnahme der theologischen über die Grundtaxe von drei Mark hinauszugehen.

Über die Universität Frankfurt a. O. fliessen die Quellen ziemlich spärlich. Was Beckmann in seiner Notitia Universitatis Francofurt. (1706) vorträgt, ist vielfach nur notizenhaft gehalten und für unser Thema unergiebig. Auch aus Hausens kurzer Geschichte der Universität und Stadt Frankfurt (1800) ist nicht viel zu holen. Das Meiste findet sich noch in Mylius, Corpus constitutionum Marchicarum, das aber das 16. Jahrhundert auch wiederum ganz im Dunkel lässt. Da die Gründung der Universität noch in die Zeit vor der Reformation fällt, so wird die ganze Verfassung und Lehreinrichtung den mehrfach geschilderten mittelalterlichen Charakter getragen haben. Leipzig hat jedenfalls das naheliegende Muster abgegeben, woraus sich erklärt, dass auch in Frankfurt — zum letzten Male auf einer deutschen Universität — neben der Fakultätseinteilung die nach Nationen bestanden hat. Der Charakter der Universität war aber wenig international im Sinne der alten europäischen Universitäten, höchstens intergentil mit seinen vier „Nationen": der märkischen, der fränkischen, der schlesischen und der preussischen. Frankfurt war die erste Landesuniversität des brandenburg-preussischen Staates.

Die ältesten Statuten aus der Gründungszeit sind nie gedruckt, die Originale werden sich wohl da finden, wo das ehemalige Universitätsarchiv hingekommen ist. Im Jahre 1610 erhielt die Universität neue Statuten,*) aus denen ich Folgendes mitteile:

Im Abschnitte: De numero Professorum, lectionum & eorum stipendiis heisst es: „Constitutus autem est certus lectionum & Professorum numerus in omni facultate & Collegio, qui semper plenus & integer conservabitur, ac stipendia juxta illum ex bonis & reditibus Academiae distribuentur." Vier Theologen, fünf Juristen, zwei Mediziner und acht Philosophen sollen

13. Frankfurt a.

---

*) Corp. const. March. T. I. Abt. 2. S. 31 ff.: Leges et statuta acad. Viadrinae cum confirmatione Electoris Joh. Sigismundi, XIII. die April. 1610.

sein. „His debentur stipendia liberalia & justa certoque tempore, ut ex illis commode hic vivere & tantum suis lectionibus vacare possint, ne vel ob tenuitatem stipendiorum aut ob solutionis dilationem aliis rationibus sibi victum quaerere cogantur." Die Gehälter werden nun allerdings nicht angegeben, doch mögen sie vor dem 30jährigen Kriege immerhin nicht schlecht gewesen sein, da die Universität mit Liegenschaften und Gerechtsamen von Hause aus gut versorgt war. Späterhin freilich, ja noch im 18. Jahrhundert, hat sie erhebliche Einbusse erlitten und grossen Mangel empfunden, wie man bei Hausen nachlesen kann.

Die drei oberen Fakultäten, heisst es in den Statuten weiter, sollen die Lektionen so unter sich teilen, dass in einer jeden täglich wenigstens zwei ordentliche Professoren lesen. (Danach würden also auf jeden Professor etwa zwei bis drei Wochenstunden entfallen sein.) Nur die Philosophen sollen „quatriduo ad docendum obligati" sein, desgleichen der fünfte Jurist, der ständig die elementa Juris civilis zu lehren hat. Übrigens wäre die Verteilung so vorzunehmen, dass jeder Lehrer der oberen Fakultäten 100,*) jeder Philosoph aber 150 Stunden des Jahres lese. Dass Geldstrafen für jede versäumte Lektion vorgesehen wurden, versteht sich nach der Sitte jener Zeit von selbst.

Von Privatkollegs ist keine Rede. Sind etwa von den Professoren, welche gehalten worden, so sind sie doch für den offiziellen Unterrichtskursus nicht in Rechnung gesetzt worden.**) Entsprechend wird im Abschnitte: De Lectionibus Studiosorum bestimmt, dass jeder Studierende täglich mindestens zwei bis drei öffentliche Vorlesungen hören müsse. Natürlich war mit jenen 100 bezw. 150 Lektionen der Lehrauftrag der Professoren noch nicht erschöpft: sie waren in Frankfurt so gut wie an den übrigen deutschen Universitäten zu exercitiis publicis disputationum et declamationum verpflichtet, über die ich mich jedoch nicht weiter zu verbreiten brauche.

Der einzige Privatunterricht, den unsere Statuten kennen, ist der der praeceptores privati. Ihre Funktion ist die nämliche wie in Königsberg und anderwärts. „Habeant etiam singuli, qui ejus aetatis aut eru-

---

*) Eine ähnliche Abmessung der Lectiones publicae hatten wir in Greifswald 1666 und Kiel 1725 gefunden. Jene war niedriger, diese höher als die Frankfurter.

**) Einen Hinweis auf Privatcollegia vor 1610 bietet der Titel: „Oratio de primis juris studiosorum exercitiis in Illustri ... quae est Francofurti cis Viadrum, academia habita a Martino Jeschkio ... In privato Collegio ... M. Christoph. Neandri Professoris Ethici ... Anno 1607 ...." 4°.

ditionis non sunt, ut sine cortice natare possint, suos privatos praeceptores, quorum opera & judicio auditas lectiones publicas repetant studio-
sius & intelligant rectius . . ." Dafür mussten sie „pecuniolam praeceptori
jussu parentum loco praemii" zahlen. (Übrigens übernahmen nach Hausen die Professoren vielfach selbst dieses Präceptorenamt.) Verboten
war aber den Privatlehrern, während der öffentlichen Lektionen zu unterrichten. „Nolumus enim discentes lectionum multitudine obrui & prop-
terea, quod illi privatis lectionibus domi detinentur, deseri lectoria & Professores destitui auditoribus."

Dass die Vorlesungen der Professoren auch wirklich öffentlich gehalten werden sollten, bestimmt fast zum Überfluss noch ein besonderer
Paragraph: Loco publico praelegendum, den ich übersetzen will:

„Es erscheint auch der Würde und dem Herkommen der Akademie
angemessen, dass die bestallten Professoren aller Fakultäten in den üblichen
und bekannten Hörsälen vortragen, nicht bei sich zu Hause, es sei denn
dass sie durch Krankheit, Alter oder im Winter durch allzugrosse Kälte
daran gehindert werden. Denn wenn viele in ihren Wohnungen lesen,
stehen die Hörsäle (lectoria) leer, und Fremde, die deren Oede sehen,
können glauben, die Universität sei verfallen und verlassen."

Wie die Befolgung dieser Statuten sich im 17. Jahrhundert gestaltet
hat, vermag ich aus Mangel an Quellen nicht nachzuweisen.

Im 18. Jahrhundert herrschten in Frankfurt sicherlich auch die Privat-
kollegia vor, obwohl eine Kabinetsordre König Friedrich Wilhelms, die
Haltung der öffentlichen Vorlesungen betreffend, hierher nicht, wie nach
Königsberg und Halle, ergangen zu sein scheint. Die erste preussische
Honorarien-Ordnung, mit der dann die offizielle Anerkennung der
Privatvorlesungen verbunden war, erging unter Friedrich dem Grossen.
In dem „Reglement für die Universität zu Frankfurt a. O. betreffend die
Verwechselung des Rectorats . . . nicht weniger die Bezahlung der Colle-
giorum," d. d. Berlin 29. März 1751,*) verfügt der König:

§ 10. Die Beschwerden derer Professorum über die fast gänzlich in
Abgang gekommene Bezahlung derer Collegiorum sind gegründet, massen
da die Professores auf Lesung derer Collegiorum allen Fleiss und Mühe
anwenden sollen, auch nichts billiger ist, als dass ihnen ihre Arbeit,
ausser denen Collegiis, welche sie publice zu lesen verbunden sind, ge-

---

*) Novum Corpus Const. March. I, 59 ff.

hörig bezahlet werde . . . . Es wird dahero eine beständige Commission auf den Professorem juris von Hackemann hiermit veranlasset, inhalts welcher er denen über unterbleibende Bezahlung klagenden Professoribus sofort dazu zu verhelfen berechtigt seyn soll, und wird deshalb folgende Einrichtung gemacht.

Es sollen a) die Studiosi, wann sie ein Collegium besuchen, die ersten 14 Tage Freyheit haben, denen Lectionibus beyzuwohnen, ohne dass sie zur Continuation desselben sich engagiren dürfen.

b) Nach Verlauf dieser 14 Tage aber sind sie gehalten in das durch den Amanuensem des Professoris ihnen vorzulegende Verzeichniss ihre Nahmen einzuschreiben, und

c) Nach Verlauf dreyer Monathe müssen dieselben (falls sie nicht das Collegium gratis zu hören sich erbeten haben) solches dem lesenden Professori bezahlen: Geschiehet dies nicht und gehet das Collegium zu Ende, darf der Professor nur solches dem Commissario anzeigen, welcher dann den die Bezahlung verweigernden Studiosum durch den Pedell vor sich zu laden und ihm einen terminum solutionis von wenigen Tagen zu setzen, auch wann er solchen nicht innehält oder de fuga suspectus ist, denselben in continenti in das Carcer bringen zu lassen hat, woselbst er so lange zu detiniren, bis er die Bezahlung des Honorarii bescheiniget.

d) Von allen à Commissario beygetriebenen Geldern soll derselbe 4 Gr. pro Thaler von dem morosen Studioso zu nehmen berechtiget und dieser solche in poenam morae ausser dem Honorario zu erlegen schuldig sein.

e) Sollte aber ein solcher Studiosus entweichen, ohne die Collegia bezahlt zu haben, so muss sein Name inter ingratos an das schwarze Brett angeschlagen und daselbst 6 Monate angeheftet bleiben, auch dem Professori, der von ihm zu fordern hat, freystehen, ihn sothaner Schuld wegen in patria oder wo er sich sonst aufhält zu belangen."

Über die Höhe der Honorare setzt dies Reglement nichts fest; der König überlässt dies den Professoren, wie eine noch zu erwähnende Verfügung von 1764, die speziell Halle betrifft, ausdrücklich hervorhebt. Auch das Freigeben der Kollegien überlässt der König den Professoren. Er greift nur insofern ein, als er ihnen seine Autorität leiht, da die ihrige nicht hinreichte, um die Studierenden zur Zahlung der Vorlesungsgelder zu zwingen. Als ultima ratio muss ihnen aber trotzdem noch der Weg der Privatklage bleiben. Das Ganze beweist, dass die Privatkollegia als Pri_ vatsache betrachtet und nicht zu den eigentlichen Amtsobliegenheiten gezählt wurden.

Ich finde auch im vorigen Jahrhundert — im Gegensatze zu andern Ländern — keine einzige preussische Verordnung, die den Professoren eine bestimmte Anzahl Privatkollegia zur Pflicht macht; damit hätte ja eine Reformation der Universitäten Hand in Hand gehen müssen, für die es aber im sparsamen Militärstaat Preussen am Nötigsten fehlte, dem Gelde nämlich. Erst mit der Gründung der Universitäten Breslau und Berlin kam Ordnung und ein höherer Zug in die Verwaltung des Universitätswesens.

In Frankfurt waren nach den Statuten von 1610 jedem Professor, wie wir sahen, 2 bis 3 öffentliche Wochenstunden (100 bezw. 150 Jahreslektionen) auferlegt. Es ist klar, dass das für den Umfang der Wissenschaften im 18. Jahrhundert nicht mehr ausreichte, also musste mit den Privatkollegs gewirtschaftet werden, so gut es ging, da der Staat sich um eine andere Ordnung des akademischen Unterrichtes nicht kümmerte. So wurden denn der öffentlichen Vorlesungen immer weniger, und 1800 kann Hausen in seiner Geschichte der Universität Frankfurt S. 121 sogar behaupten, dass jeder Lehrer die Pflicht habe, öffentlich eine Stunde zu lesen. So gering ist das Maass der Lehrverpflichtung nun allerdings nie und nirgends gewesen. Aber der Usus schafft schliesslich, d. h. der Schlendrian, nicht selten ein wohlerworbenes Un-Recht.

Auf die das Honorarwesen berührenden Bestimmungen des Allg. Land-Rechts und die daran anschliessende bezügliche Gesetzgebung will ich bei Halle noch zu sprechen kommen. Für Frankfurt — das soll zum Schluss hier noch beigefügt werden — giebt Hausen S. 156 eine Honorartaxe, die auf gesetzlicher Bestimmung beruhen soll. Leider unterlässt er es, die Quelle anzuführen. Er schreibt: „Jede Privat-Vorlesung wird halbjährig mit einem Honorar von fünf Thalern, nach Bestimmung der Gesetze, bezahlt, und ein Graf, in Rücksicht der Ärmern, die dieses Collegium hören, zahlt zwiefach, der Prinz fünffach; allein ein Baron und ein Edelmann entrichtet nur einfach, wie der Bürgerliche. Bei der Wiederholung zahlt der Adliche ein ähnliches Honorar, der Bürgerliche aber entrichtet die Hälfte.

Die Experimental-Physik wird wegen der mit dieser Vorlesung verbundenen Kosten mit zehn Thalern, sowie die Pandekten mit acht Thalern, weil sie täglich zwei Stunden gelesen werden; die Einleitung in den

Prozess, wegen der Durchsicht der aufgegebenen Ausarbeitungen mit zehn Thalern honorirt.

Ein Collegium privatissimum, welches einer oder einige sich erbitten, wird halbjährig mit hundert Thalern belohnt."

Soviel von der Universität Frankfurt.

Ich gehe nun über zur dritten brandenburg-preussischen Universität. **4. Halle.** Halle*) leitet die Neuzeit ein und. behauptet in der ersten Hälfte des vorigen Jahrhunderts die Führung unter den deutschen Universitäten. Bei der Bedeutung dieser Hochschule lässt sich erwarten, dass König Friedrich Wilhelm I. mit Verfügungen der Art, wie er sie nach in Königsberg gerichtet hatte, auch die Hallischen Professoren bedachte. In der That begegnen wir in Hoffbauers Geschichte der Universität Halle (1805) und zwar in dem Abschnitte (S. 175): „Harte Verfügungen für die Professoren" denselben Jahreszahlen 1732 und 1735 und erfahren hier auch die nähere Veranlassung für das Eingreifen des Königs in Sachen der öffentlichen Vorlesungen.

Im Jahre 1732 hatte ein Ungenannter „unberufener Weise", wie Hoffbauer sagt, dem Könige einen Aufsatz eingereicht, betitelt: „Ohnmassgebliche Gedanken von der Nothwendigkeit derer Lectionum publicarum auf Universitäten" und darin die Collegia publica, für welche die Professoren besoldet würden, als sehr vorteilhaft für die Universität hingestellt, vorausgesetzt, dass sie auch in den öffentlichen Auditorien gehalten würden. Die Universität hatte, darob befragt, eingegeben, dass jeder Professor bis jetzt seiner Verbindlichkeit publice zu lesen nachgekommen sei, allerdings meist in seinem Privatauditorium, da die öffentlichen Auditorien der Universität für alle nicht ausreichten. Im Jahre 1735 aber erging an die Universität ein Königlicher Befehl, der trotz erhobener Gegenvorstellung in geschärfter Form wiederholt wurde, wonach die Collegia publica fleissiger alle Woche gehalten werden sollten und zwar in vier eigens zu diesem Zweck hergerichteten Räumen der sogenannten Residenz.

In Dreyhaupts Beschreibung des Saalkreises**) wird die Sache frei-

---

*) Das unbedeutende Duisburg bietet kein besonderes Interesse für unsere Untersuchung.

**) Theil 2. Halle 1755. fol. Auch Schrader, Gesch. d. Univ. Halle, erwähnt die Begebenheit.

lich etwas anders geschildert und in einer für die Professoren nicht besonders günstigen Beleuchtung. Man liest da:

„Als nun nachgehends die Zahl der Professorum bey der Hallischen Universität sich sehr vermehrt*): so fing ein jeder an, sich einen bequemen Lesesaal in seiner Wohnung zu errichten, auf welchem nicht allein die Collegia privata, sondern auch die publica mehrerer Commodität halber gelesen wurden. Letztere wurden endlich fast gar negligiret, und als darüber Klage entstundt, entschuldigte man sich mit dem Mangel der Auditoriorum; dahero Se. Kön. Majest. König Friedrich Wilhelm bewogen wurden, unterm 18. Junii 1735 an dero Magdeb. Kriegs- und Domainenkammer . . . zu rescribiren, dass der Universität auf der Residentz vier Säle . . . zu Auditoriis . . . eingeräumt werden sollten. Da aber die Residentz fast am Ende der Stadt gelegen und vielen Professoribus, zumahlen die mit keiner Equipage versehen, sehr unbequem und beschwerlich fiel, sich so weit aus ihren Wohnungen dahin zu bemühen, so wurde zwar in dem von der Universität unterm 10. Sept. d. A. erstatteten . . . Bericht die Ungemächlichkeit und Entlegenheit vorgeschützet; allein der Hof bestand darauf, und erfolgte unter dem 17. Sept d. a. ein ernstlicher Befehl, ohne fernern Anstand schuldigste Folge zu leisten und bey Vermeidung militärischer Exekution den 20. Sept. damit ohnfehlbar den Anfang zu machen. Worauf denn auch die Universität schuldigst Folge geleistet, nach Absterben Sr. Kön. Maj. höchstseeligen Andenkens aber solches wieder eingestellet und die Collegia publica in ihren privat-Auditoriis fortgesetzet."

Von dem Vorwurf einer gewissen Bequemlichkeit wird man hiernach die Hallischen Professoren nicht freisprechen können, und sicherlich ist der Umstand, dass „diejenigen Studiosi, so etwas Mittel haben, sich fast schämen, Collegia publica zu frequentiren, sondern für ihr Geld lieber lectiones privatas besuchen,"**) kein stichhaltiger Grund für die Unterlassung der öffentlichen Vorlesungen gewesen.

Nach den Statuten der Universität Halle ist hier wie überall theoretisch die Fiktion festgehalten worden, dass der eigentliche akademische Unterricht in öffentlichen (Gratis-)Vorlesungen zu erteilen sei; praktisch hat man sich aber von Anfang an sehr wenig daran gebunden. Ausser

---

*) Nämlich durch freiwilliges Angebot zahlreicher unbesoldeter Lehrkräfte, die um die Anwartschaft konkurrierten.

**) So nämlich hatten sie an den König geschrieben. Hoffbauer a. a. O. S. 182.

allgemeinen, in der Sache selbst liegenden Gründen mag dafür auch die ungemein dürftige Dotierung der Universität mitbestimmend gewesen sein, die es namentlich den Philosophen nicht gestattete, der Honorareinnahmen zu entbehren. Besser standen sich die Juristen, die eine besondere Einnahmequelle in der Erteilung der Rechtsgutachten hatten und sogar (wie Ludewig) fast fürstliche Vermögen erwarben, vielleicht auch die beiden berühmten Mediziner Stahl und Hoffmann infolge ihrer ärztlichen Praxis. Für die Theologen und Philosophen galt aber allezeit und bis auf unsere Tage Bened. Carpzovs (in seiner Jurispr. Consistor. p. 610) Wort: „Hodie Professorum plurimi naturam coguntur imitari, quae paucis dicitur contenta." Der sparsame König Friedrich Wilhelm dachte wohl umsoweniger an die Notwendigkeit einer auskömmlichen Salarierung der Professoren, als die starke Frequenz der Hallischen Universität (es waren durchschnittlich jährlich 1500 Studierende) reichlichen Nebenerwerb für die Lehrer aus Privatunterricht zu bieten schien.

Hoffbauer bemerkt zu alledem: „Dass der besoldete Professor publice lese, ist nicht mehr als recht und billig, und es ist sehr zu wünschen, dass es recht fleissig geschehe ... Man nahm daher in den Statuten der Universität auf die öffentlichen Vorlesungen eine löbliche Rücksicht; nur fehlte man in der Bestimmung der Collegien, die öffentlich gelesen werden sollten. Denn nach den Statuten der theologischen Fakultät und nach den Statuten der philosophischen Fakultät sollten die nothwendigern Collegia, und nach den Statuten einer andern Fakultät" [scil. der juristischen] „sollte gar ihr ganzer Cursus, d. h. alle unentbehrlichen Collegia publice gelesen werden. So gut dieses unstreitig gemeint war, so wenig Vortheil wäre wohl davon zu hoffen gewesen, wenn diese Verordnung in Ausübung gekommen wäre."

Hoffbauer plädiert dann mit den Argumenten der Göttinger Vorkämpfer Michaelis, Brandes und Meiners für die Bevorzugung der bezahlten Privatkollegia; Argumente, die nicht einmal vom Standpunkte der nobeln Georgia Augusta aus als unanfechtbar gelten können. Es erübrigt hier näher darauf einzugehen. Ich will aber die einschlägigen Stellen der Statuten hervorheben.*)

Das Privileg des Kurfürsten Friedrich III. von 1692 (erneuert 1697)

---

*) Abgedruckt bei Dreyhaupt a. a. O. S. 73 ff.; bei Koch, die preuss. Univv. Bd. 1. S. 466 ff; bei Schrader, Gesch. d. Univ. Halle, II, Anlage 9.

gestattete den Professoren publice und privatim Collegia zu halten. Die vom grossen Samuel Stryk, der die Erfahrungen zweier Universitäten (Frankfurt und Wittenberg) hinter sich hatte, entworfenen Statuten von 1694 teilen alle Hauptwissenschaften an die Collegia publica aus. Von den Theologen heisst es: „In lectionibus publicis non tractentur rariora & quae paucis prosunt, sed quae faciunt ad erudiendos & aedificandos complures. Privatim diversis auditorum generibus se accommodent Professores, nec tam numerum Auditorum quaerant, quam hoc intendant unanimiter, ut omni ex parte iis consulatur; quam ob causam dissuadebunt aliquibus, quae ipsis nondum commoda perspexerint. Privata Collegia intra semestre spatium absolvantur plerumque uti & publica, nec facile in annum alterum extendantur, ne Studiosi nondum completa cogantur relinquere. Ob solvendi pretii defectum Collegiis privatis neminem excludant, quod ut a ditioribus accipitur, ita egenis remittitur jure ac merito."

Diese letzte Bestimmung bedeutete in praxi für die Theologen den Verzicht auf eine Vorlesungsgebühr überhaupt; denn Reiche studierten nicht Theologie. Die grosse Menge der Hallischen Studierenden der Theologie war armer Leute Kind. Erst Friedrich der Grosse verhalf den Hallischen Theologie-Professoren durch eine hernach anzuführende Verfügung zu Kollegien-Honoraren.

Den Juristen weisen die Statuten Dekretalen und Jus publicum, Codex und deutsche Reichsabschiede, Pandekten und criminalistische Praxis, Institutionen und Lehnrecht für die öffentlichen Vorlesungen zu. Dann heisst es in §. 8:

„Caeterum haec publicarum lectionum distributio nulli Antecessorum impedimento sit, quominus privatis lectionibus alias quoque privati publicique juris partes auditoribus proponere valeat, libertatem enim hic omnibus relinquendum censemus, privatis scholis exponendi, quae ipsi libuerit vel auditores desideraverint, modo hoc non fiat cum neglectu professionis publicae unicuique incumbentis."

Übrigens sollen mindestens drei öffentliche Vorlesungen wöchentlich von jedem gehalten werden. Das gilt auch von den beiden Medizinern. Der Professor Praxeos hat zu lehren Anatomie, Chirurgie und Chemie, der Professor Theoretices Physiologie, Pathologie, Hygiene, Materia medica und Botanik. „Unusquisque Professorum functioni suae commissae fideliter incumbere debet et publice illa docere quae Professioni suae con-

veniunt." „Quod privata Collegia attinet, cuivis Professorum con-
cessum sit in omnes medicinae partes legere, disputare & collegia instituere, modo ut discordia ut & confusio evitetur, alter non prius collegium instituat, nisi absolverit illud Professor, ad quam professionem collegium spectat."

Endlich die philosophische Fakultät anlangend, so lauten deren
Statuten in cap. III. De lectionibus & disputationibus:

„. . . Publicae lectiones sint faciles, perspicuae & tironum etiam
captui accommodatae nec magis curiosae quam utiles atque ita distributae
ut semestri spatio absolvantur . . . Quisque intra limitem suae professionis
maneat. Cum vero professiones quaedam cognationem inter se habeant,
ut facile ex una in alteram excurri possit, si quis ex instituto vel publice
legere aut disputare velit, quod Professionis est alterius, vel privatam
lectionem hujus generis ex publico loco significare, cum ordinario Professore amice conferat & rationem sui extra ordinem instituti eum non
sinat ignorare. At privata pansophica, ut vocant, collegia nemini
Professorum Philosophiae prohibita sunto."

Soviel von den Hallischen Statuten. Sie gehörten mit zur dekora-
tiven Ausstattung der Universität und erschienen, als der Unterricht schon
einige Jahre im Gange war. Sie wurden eher gegeben, als die Universität
mit Gebäuden und Gehältern genügend fundamentiert war. Daher und
aus andern Gründen kam es, dass ihnen im wichtigsten Punkte, dem der
Vorlesungen nämlich, so wenig nachgelebt wurde.

Trotzdem, vielleicht auch gerade deswegen nahm aber die neue Universität rasch einen grossen Aufschwung. Das verdankte sie dem epoche-
machenden Wirken Christian Thomasius', der Zugkraft des grossen Publi-
zisten Ludewig und seines geistreichen Widerparts Gundling, wie nicht
minder der uneigennützigen Treue der Theologen Breithaupt, Anton und
A. H. Franke. Trotzdem diese drei kärglich besoldet waren, „waren sie
frey von allem Eigennutz und haben für ihre Collegia nie einen Heller
sich bezahlen lassen".*) Und auch ihre Nachfolger haben, wie Schrader
(Gesch. d. Univ. Halle. I, 108) erzählt, von den vermögenderen Zuhörern
Bezahlung für die Privatvorlesungen nicht gefordert, aber angenommen.

Der Eifer aller Professoren in Halle war in der ersten Zeit über

---

*) Hofrat Gruber an Münchhausen über den Zustand und die Blüthe der deut-
chen Universitäten (1739) bei Rössler, Gründung der Univ. Göttingen. 1855. S. 460.

jedem Zweifel erhaben, sie thaten mehr, als die Statuten forderten, und so kam es, dass die Vorschriften über die Vorlesungen auf dem Papier standen und stehen blieben.*) Gruber meint:**) „Halle würde die meisten Universitäten in Teutschland banquerout machen, wenn man sich überwinden und die Stadt mit der Besatzung verschonen wollte. Denn von der rührt alles Unheil her. Damit wir aber das Vornehmste, was Halle in Flor gebracht, nicht übergehen, so bestehet solches in dem ungemeinen Fleiss, den die ersten Lehrer daselbst angewendet haben, nicht nur lauter nützliche Collegia zu halten und mit Abschneidung aller Ferien zu gesetzter Zeit zu endigen, sondern auch daneben viel Schrifften von nicht gemeinen Materien herauszugeben und damit in der Welt ein Aufsehen zu machen."

Wäre das so geblieben, so hätte Friedrich Wilhelm schwerlich Veranlassung gehabt, in der erwähnten Weise einzugreifen. Aber der Fleiss der ersten Lehrer erlahmte mit der Zeit. In seinem Gutachten über die Zustände der Universität Halle (1730)***) berichtet der Kanzler Joh. Peter v. Ludewig über Thomasius und Gundling, „dass der erstere in 10 Jahren kaum ein collegium gehalten; der andere hingegen die letztern Jahre fast kein collegium ausgelesen, sondern immer wieder ein neues angefangen und sich das Geld zum voraus geben lassen." Gundling sei auch professor eloquentiae gewesen: „Der aber zeit lebens weder publice, noch privatim ein einziges collegium eloquentiae oder styli gehalten." Man kann dies immerhin glauben, selbst wenn man weiss, dass Ludewig und Gundling nicht gerade gut Freund waren, da jener als Staatsrechtslehrer im Gegensatz zu diesem einem erklecklichen Byzantinismus huldigte.

Schrader schreibt (I, 332): „Die Einteilung der Vorlesungen in öffentliche und private, war ursprünglich so gedacht, dass jene die Gegenleistung des Professors für sein Gehalt vorstellen und deshalb alle notwendigen Lehrfächer umfassen, diese aber einzelnen besonders schwierigen oder anziehenden Aufgaben gewidmet werden sollten ... Dieses Verhältnis hatte sich allmählich in sein Gegenteil verkehrt, nicht lediglich aus berechtigter Erwerbssucht der Professoren, noch weniger, wie sie selbst später irrtümlich angaben, weil es an grossen Hörsälen ... fehlte; sondern es

---

*) Der gleichen, man möchte sagen bewussten Ausserachtlassung der statutarischen Bestimmungen werden wir in Göttingen begegnen.
**) A. a. O. S. 462.
***) Rössler a. a. O. S. 439. Schrader I, 377.

entsprach einer auch heut noch gewöhnlichen Empfindung, dass die Studenten die bezahlten Vorlesungen höher schätzten und fleissiger besuchten, als die unentgeltlichen." Dieses letzte Argument stammt vom sehr erwerbssüchtigen Michaelis her; Hoffbauer u. A. haben es nachgeschrieben; mir erscheint es aber so offenbar unrichtig, dass ich mich mit seiner Widerlegung gar nicht aufhalten mag.

So lange die Lehrer mehr thaten, als sie mussten, lag kein Anlass vor, die statutarischen Vorschriften bezüglich der öffentlichen, d. h. obligatorischen Vorlesungen hervorzusuchen. Ihre Befolgung hätte nur erleichtert und ermöglicht sein sollen durch eine ausreichende Bezahlung; damit haperte es in Halle aber bis 1804 gar sehr. Und so mussten schon deshalb, abgesehen von andern in der Entwickelung der wissenschaftlichen Lehrgebiete liegenden Gründen, die Privatkollegia immer mehr in Aufnahme kommen.

Gruber sagt in seinem Bericht an Münchhausen: „Bey so austräglichen Salariis" [wie in Göttingen nämlich] „sollten die lectiones publicae freilich mit der äussersten Präcision gehalten werden, da von jenen ein Professor subsistiren kann, wenn er gleich kein einziges Collegium lesen sollte. Diese Erinnerung ist auch hoch von nöthen, weil manche Professores zu ihren lectionibus publicis Dinge erwählen, die keinem Menschen in der Welt etwas nutzen, nur dass der numerus sich zerschlagen, nach etlichen Tagen sich niemand weiter einfinden, mithin der Professor entschuldiget seyn möge, dass er nicht continuiren kann.*) Was einigen Nutzen giebt, daraus wird ein collegium privatum gemacht, damit es besonders bezahlt werde."

Auf Eins aber muss hier bei Halle rücksichtlich seiner bewussten Pflege und Ausbildung des Systems der Privatvorlesungen noch aufmerksam gemacht werden. Unter dem Zudrange und dem freiwilligen Angebot von unbesoldeten Lehrern (namentlich in der Juristenfakultät, als welcher aus Rechtsgutachten sehr hohe Sporteln zufielen, so dass sogar der Fakultätsschreiber sich auf 1200 Thaler jährlich stand) und infolge des allseitigen Eifers, den nun die ordentlichen Professoren in Konkurrenz mit diesen freiwilligen Hülfslehrern entfalteten, entstand auf dem Felde der Privatvorlesungen (die öffentlichen waren, sofern sie gehalten wurden, als Mono-

---

*) Diese süsse Gewohnheit pflegte z. B. um 1768 der Geheimrat Klotz in Halle, der Vorlesungen ankündigte, von denen er wusste, dass sie niemand besuchen würde. Schrader I, 429.

pole der angestellten ordentlichen Professoren der Konkurrenz entrückt) zuerst die vielgerühmte akademische Lehrfreiheit. Der berühmte Jurist Justus Henning Böhmer äussert sich darüber in seinem Gutachten über die Verbesserung der Universität Halle (1739)*) mit folgenden Worten:

„Die Freyheit zu lehren so woll als der Fleiss derer meisten hat ein grosses Momentum zur Aufnahme der Universität gegeben, dahero das erste dabey zu lassen und einem Jeden in quacunque parte zu lehren zu vergönnen, welches vom ersten Anfang der Universität ohne alle Einschrenkung gewesen, woraus der Fleiss von selbsten erfolget. Die Einschrenkung derer Collegiorum ist eine Mutter alles Uebels."

Hiernach bezog sich die Lehrfreiheit allerdings mehr auf die Wahl des Gegenstandes für die Vorlesungen. Dass man sie aber in Halle auch aus einem höhern Gesichtspunkte, als eine wirkliche libertas philosophandi verstand, beweist Gundlings schöne Rede de libertate Fridericianae (1711), worin der Satz verfochten wird, dass die Universität ihrer Aufgabe, zur Weisheit zu führen, unmöglich gerecht werden könne, wenn der Forschung irgend welche Grenzen gesetzt seien. Gleichwohl blieb das Wie der Lehre seitens der theologischen Fakultät immer noch nicht unangefochten, wie die Vertreibung Wolffs und Spangenbergs aus Halle beweisen. Das Prinzip von der Freiheit der Wissenschaft sollte erst in Göttingen völlig zum Durchbruch gelangen.

Aber es ist hier nicht der Ort, dieses Thema weiter zu verfolgen. Wir haben noch die Verordnungen zu registrieren, die seit dem vorigen Jahrhundert in Beziehung auf die Vorlesungen und ihre Bezahlung ergangen sind und die betreffenden Anschauungen der Regierenden widerspiegeln.

Wie Friedrich Wilhelm I. über die öffentlichen Vorlesungen dachte, ist oben ausgeführt worden. In das Gebiet der Privatvorlesungen griff er nur ein durch die Verordnung von 1736, wonach die Professoren gehalten sein sollten, das Vorlesungsgeld den mit einem Freitisch bedachten Studenten zu erlassen.**) In Rücksicht auf die Armen war das löblich. So lange aber die Privatkollegia entgegen den öffentlichen Lektionen nicht als eigentliche Amtsobliegenheit gewürdigt wurden, sondern als Privatgeschäft

*) Rössler a. a. O. S. 454.
**) Schrader a. a. O. I, 347.

der Professoren galten, empfanden diese die Vorschrift mit Recht als unbillig.*)

Unter Friedrich dem Grossen geschah 1748 eine gelegentliche Revision der Hallischen Universität durch den Legationsrat von Bielefeld.**) Hervorgehoben wurde u. A., dass mehr Geld nötig sei und bessere Besoldung, gingen doch die Gehälter bis unter hundert Thaler herunter. Auch eine geordnete Honorarzahlung müsste gesichert werden. Es geschah aber nichts in diesen Stücken und überhaupt nichts Wesentliches zur Hebung der Universität.

1753 erging ein Zirkular an alle preussischen Universitäten, dass die Dekane alle halbe Jahr berichten sollten, welche im Lektionskataloge angesetzten Collegia zu Stande kämen oder ausfielen.***)

Eine ähnliche Verordnung erliess der König 1764, 3. Aug., an die Universität Halle, worin den Professoren bei Strafe befohlen wird, die angekündigten Vorlesungen in der festgesetzten Zeit zu beendigen.

In demselben Jahre erging eine andere, interessante Verordnung an die evangelischen Konsistorien, die die Honorarien der theologischen Professoren regelt.†) Sie lautet:

„Nachdem Wir nöthig erachtet, dass denen Professoribus Theologiae auf Unsern evang.-lutherischen Universitaeten gleich denen Professoren der übrigen Facultaeten vor die denen Studiosis zu lesende Collegia publica [!] von Michaeli a. c. an, ein billiges von denen Professoribus zu bestimmendes Honorarium entrichtet werden solle, damit die geringe Einkünfte derselben verbessert, sie in ihrem Fleisse desto mehr aufgemuntert und dergestalt auch die Ansetzung gelehrter und berühmter Männer mehr erleichtert werden könne, einige Studiosi Theologiae aber, wegen ihrer Dürftigkeit, nicht im Stande seyn möchten solches Honorarium während ihres Cursus academici sogleich zu erlegen, und es doch auch höchst unbillig seyn würde, wenn dieselbe sich auf immer von der ihren Lehrern schuldigen thätigen Erkenntlichkeit losgezählt glauben

---

*) Wie ich nachträglich entdecke, hat die Universität bereits 1720, 29. Juni, eine Honorarienordnung erlassen und dieselbe unterm 1. Sept. 1732 erneuert. Ein Exemplar dieses Patentes liegt mir aus der Jenaer Universitätsbibliothek vor. Schrader erwähnt nichts davon. Ich komme im letzten Kapitel darauf zurück.

**) Schrader S. 381.

***) Corpus constit. March. I, 539.

†) d. d. Berlin, d. 16. Nov. 1764. — Nov. corp. constit. March. III, 508.

sollten; als haben Wir die Verfügung gemacht, dass in dem einem von
der Universitaet abziehenden Studioso Theologiae zu ertheilenden Testimonio academico ausdrücklich mit angezeiget werden solle, ob er das
gedachte Honorarium bereits abgetragen oder annoch schuldig geblieben.
Welches ein jeder Professor der Facultaet, nebst dem quanto der Schuld
zeitig bekannt zu machen, damit das Testimonium darnach eingerichtet
werden könne. Damit nun die Professores zu dem solchergestalt liqui-
dirten ihnen schuldig gebliebenen Honorario gelangen mögen, so befehlen
Wir euch hiemit allergnädigst, alle diejenigen Candidaten, denen Wir
oder andere Kirchen- und Schul-Patroni ein Pfarr- oder einträgliches
Schul-Amt conferiren werden, falls sie während ihres Candidaten-Standes
noch keine Mittel gefunden, ihre gewesene academische Lehrer zu be-
friedigen, alles Ernstes dahin anzuhalten, dass sie wenigstens binnen den
zwey ersten Jahren ihres Amtes solches ohnfehlbar bewerkstelligen und
darüber Quitung euch einreichen müssen, und habt ihr von denjenigen,
die nach Verfliessung dieser ihnen gesetzten Zeit, nach dem dieserhalb
zu haltenden Verzeichnisse, ihre Schuldigkeit hierunter nicht beobachtet
haben sollten, das in dem Testimonio angezeigte quantum, durch Einziehung ihres Gehalts, in tantum oder allenfalls per executionem beyzu-
treiben und an die theologische Facultaet, die das Zeugnis mit der darin
enthaltenen Schuld ausgestellt, zu versenden. Gegeben Berlin den 16. November 1764."*)

An diesem Mandat erkennt man die Auffassung des Königs bezüglich
der Kollegiengelder. Er hält sie für nötig, um die geringen Einkünfte
der Professoren zu verbessern, rechnet sie also mit zum notwendigen
Amtseinkommen. Dementsprechend bezieht er sie auf die collegia
publica. Falls dies kein Schreibfehler für privata ist, so geht daraus
hervor, dass der König den Unterschied entweder nicht kannte oder
nicht machen wollte oder dass die Theologen, wie wir das von Halle
allerdings schon wissen, bis dahin überhaupt bloss publice d. h. gratis
gelesen hatten. Die Höhe des Honorars überlässt der König den Professoren zu bestimmen, er will bloss, dass es billig sei. Weiter aber soll
es nun keinen Erlass des Honorars der Theologen mehr geben, sondern
nur Stundung. Damit war der betreffende Passus der Fakultätsstatuten

*) Die gleiche Verfügung erging nach Schrader an die Universitäfen unterm
28. November.

von 1694 aufgehoben, wo es hiess: „Ob solvendi pretii defectum Collegiis privatis neminem excludant." Aufgehoben auch die im J. 1736 verordnete Befreiung der Freitischler, soweit sie Theologie studierten. Aufgehoben auch der betreffende Satz des Kredit-Reglements vom 8. März 1759,*) „dass Collegia, Informationes, Medicamenta, Artztlohn, Mittagstisch, Hausmiete ... nicht über ein halb Jahr ... geborget werden solle," soweit er die theologischen Collegia betraf. Damit nun aber die auf die Schultern der Zuhörer abgewälzte Gehaltsverbesserung der Theologie-Professoren wirklich eintrete, sorgte der König für die Eintreibung der rückständigen Honorare mittelst Gehaltsabzügen bei den später angestellten Schuldnern, eventuell auch mittelst Exekution. Das war sehr taktvoll, die Theologen nicht auf den Prozessweg zu verweisen; die wenigsten würden ihn betreten haben.

Neue Erlasse vom November 1766 und Januar 1767**) beschäftigten sich mit der rechtzeitigen Bezahlung der Vorlesungsgelder: Die rückständigen Honorare sollten sofort ohne förmliche Klage beigetrieben, von jedem Universitätslehrer aber spätestens vier Wochen nach dem Schlusse der Vorlesungen ein Verzeichnis der Restanten bei Vermeidung einer Geldstrafe von zehn Thalern für jeden übergangenen Fall eingereicht werden. „Es wäre denn, dass ein Docent einem und dem andern würcklich armen Studioso das Collegium auf sein bittliches Ersuchen und bescheinigtes Unvermögen, gratis zu hören verstattet, oder dass der Studiosus des Docenten Verwandter, eines Collegen Sohn oder auch eines Hallischen Stadt-Predigers Sohn sey, als von welchen Honoraria zu nehmen bishero nicht gewöhnlich." Der Prorektor nebst dem „officio academico" besorgt die Einziehung der ausstehenden Honorare auf Grund der eingereichten Restantenlisten. Er zitiert die Debenten und setzt ihnen Zahlungsfrist bis zu vier Wochen, eventuell auch einen Exekutionstermin. Erfolgt die Zahlung nicht, so soll der Prorektor ohne weiteres exekutieren und so „die restierenden Kollegiengelder rechtlicher Art nach beitreiben." Als Mahngebühr erhebt er vier Groschen für jeden Thaler. Studiosen, die ohne Bezahlung der Kollegien die Universität verlassen, sollen vier Wochen lang auf einer hierzu gedruckten Schedula in tabula publica als Ingrati angeschlagen werden, Namen und Heimat derselben aber nach Hofe ge-

---

*) Nov. corp. const. March. II, 347.
**) Schrader a. a. O. I, 347 —. Nov. corp. constit. Marchic. IV, 675.

meldet werden zu weiterer Veranlassung. Übrigens sollen die Reskripte vom 16. und 28. November 1764 bezüglich der Theologie-Studierenden durch diese neue Verfügung unberührt bleiben. „Gleichwie aber nur gedachte Rescripta regulativa lediglich von denen Collegiis mere theologicis anzunehmen sind, so verstehet es sich von selbsten, dass wenn dergleichen Studiosi Theologiae auch in andern Fakultäten und Wissenschaften Collegia hören . . . alles obige auch auf diese in Absicht der Bezahlung solcher Collegiorum seine Application habe."

Endlich sollen an diese Verordnung nicht bloss die ordentlichen Professoren, sondern auch die Extraordinarii, sowie alle Doctores und Magistri legentes gebunden sein.

Von der Höhe der Vorlesungsgebühr ist wiederum nicht die Rede. Dass sie der König aber gekannt hat, geht aus dem Schlusspassus hervor, in welchem von jedem ordentlichen und ehrliebenden Studiosus, welcher den Zweck, warum er sich auf die Universität begiebt, vor Augen hat, die prompte Bezahlung, „derer ohnehin so wenig kostenden Collegiorum" erwartet wird.

Hält man beide Edikte, das von 1764 und dieses von 1767, zusammen, so findet sich Stundung im heutigen Sinne nur bei den Theologen, für die übrigen Fakultäten bestand Erlass, der vom Belieben des betreffenden Lehrers abhing. Pränumeration gab es noch nicht. Die Bezahlung geschah nach Beendigung des Kollegs an den Lehrer.

Hiermit war denn die im Jahre 1748 angeregte Ordnung des Honorarwesens geschaffen; jedoch mit der gleichzeitig gewünschten Aufbesserung der Gehälter*) sollte es noch ferner gute Wege haben.

Im Jahre 1768 geschah eine neue Visitation der Universität durch den Geh. Tribunalsrat Steck.**) Sie ergab allerhand Mängel, bemerkt wurde namentlich das Fehlen vieler notwendigen Vorlesungen. Der darauf erfolgende Bescheid des Königs vom 12. Dezember 1768***) bezieht sich denn auch wesentlich auf die Einteilung der Kollegia. Aus dem beigefügten Typus lectionum ersieht man auch den Kreis der Wissenschaften, die damals als nötig erkannt wurden. Es ist eine solche Fülle, wie sie vor fünfzig Jahren noch nirgends gekannt war, und gar nicht konnte daran gedacht werden, dass die neunzehn ordentlichen Professoren, die damals

---

*) Den derzeitigen Etat s. bei Schrader II, 468.
**) Schrader I, 382.
***) Nov, corp. constit. Marchic. IV, 5049.

den etatsmässigen Lehrkörper ausmachten, mit ihren statutenmässigen vier öffentlichen Wochenstunden der Aufgabe genügen sollten. Der Bescheid des Königs lässt also den Unterschied von öffentlichen und privaten Vorlesungen ganz unerörtert. Die Vorschrift lautet, „die nothwendigen und starkbesuchten, sowie die weniger Besuch zu haben pflegende [Vorlesungen], unter den Gliedern der Facultaet dergestalt zu vertheilen, dass zwar eben das Collegium von mehrern als einem zugleich gelesen werde, jedoch nicht einer allein etwa seines Vortheils wegen, alle am meisten einbringende, ein anderer aber seiner Bequemlichkeit wegen, solche, worinn er vielleicht gar keine Zuhörer zu erhalten hofte, übernehme, zu den übrig bleibenden aber die Privat-Docenten aufzumuntern."

Man rechnete also nun schon offiziell mit den bezahlten (Privat-) vorlesungen und liess die alten Statuten in diesem Stücke auf sich beruhen. Man konservierte auch die alte Lehrfreiheit der Fridericiana, d. h. die freie Konkurrenz der Lehrer im Felde der Privatvorlesungen, zu der sich Friedrich der Grosse ausdrücklich auch in einem an die Universität Frankfurt gerichteten Reskript vom 29. März 1751*) bekannt hatte. Im Übrigen aber geschah nichts Wesentliches zur Reformierung und Verbesserung der Universitätseinrichtungen — bis zum Organisations-Erlass vom 10. April 1804, auf den ich hernach zn sprechen kommen werde.

Das Allgemeine Landrecht berührte nun auch in Teil 2. Tit. 12 die Verhältnisse der Universitäten. U. A. regelte es die Kreditsachen der Studenten, ohne freilich hier etwas Neues zu schaffen. Es enthält im Wesentlichen die Bestimmungen des „Reglements wegen des Creditirens der Studiosorum zu Halle" d. d. Berlin den 8. März 1759. Sie gingen auch in die „Allgemeinen Gesetze für die Kön. Preuss. Universitäten" von 1796 über, wo § 27 also lautet:

„Kostgeld, Waschgeld, Perrückenmacher- und Barbierlohn soll nicht über einen Monat; Stubenmiethe, Bettzins und Aufwartung nicht über ein Vierteljahr; Arzneien und Arztlohn nicht über ein halb Jahr; und das Honorarium für die Collegia höchstens nur bis zum Ende des Collegii geborgt werden."

---

*) Nov. corp. Const. March. I, 59. Darin: §. 12. Ein jeder Professor muss zwar den Theil der Wissenschaft, worüber ihm die Profession anvertraut ist, vorzüglich dozieren, doch soll dieses keineswegs dergestalt ausgelegt werden, dass einem andern Professori derselben Facultät nicht auch frey stehen solle, alle Partes der Wissenschaft seiner Facultät zu lesen."

Dazu die Erläuterung:

„Wer seinen Namen unter die Zuhörer eines Collegii verzeichnet oder eintragen lässt, ist, wenn er auch das Ende der Vorlesung nicht abwarten kann, dennoch zur Entrichtung des Honorarii verpflichtet. Nur allein, wenn die Schuld an dem Lehrer liegt, dass die Vorlesung nicht geendigt wird, kann die Entrichtung des Honorarii ... verweigert werden. Übrigens ist jeder Student verbunden, das Honorarium gleich Anfangs zur Hälfte vorauszubezahlen, die andre Hälfte aber sofort nach Erledigung des Collegiums."

Hier begegnen wir also zum ersten Male bei den preussischen Universitäten der Pränumeration der Kollegien. Es trifft sich, dass fast gleichzeitig, in eben diesen 90er Jahren die Vorausbezahlung auf den meisten deutschen Universitäten, soweit sie nicht schon früher bestanden hatte, eingeführt wurde.

Diese Bestimmungen von 1796 erwiesen sich aber bald als unzulänglich. Es erging demnach vom 8. Januar 1802 eine neue königliche Verordnung in Ansehung der Schulden der Studierenden auf den Königl. Preuss. Universitäten.*) Unter den privilegierten Schulden, die in den §§ 1 bis 4 namhaft gemacht werden, stehen an erster Stelle die Kollegienhonorare. Sie sollen zur Hälfte von den Studierenden vorausbezahlt werden, die andere Hälfte aber soll in der Mitte des halben Jahres, d. h. zu Johannis und Neujahr entrichtet werden. In Fällen aber, wo Lehrer bei dem durch ein gerichtliches Attest von der Obrigkeit des Geburtsortes bescheinigten Unvermögen eines Studierenden genötigt sind, ihm die Honoraria für die Collegia so lange zu stunden, bis er durch Beförderung zu einem öffentlichen Amte oder durch sonstige Verbesserung seiner Vermögensumstände in den Stand gekommen, dieselben zu bezahlen, verbleibt ihnen bis dahin ihr Anspruch ungekränkt. Sie müssen aber dafür besorgt sein, dass beim Abgang des Studierenden der Betrag der Schuld gleich andern von dem akademischen Gericht registriert und zugleich in den akademischen Zeugnissen notiert wird. Alle privilegierten Schulden, zu denen ausser den Honorarien noch Kostgeld, Mietszins, Arztlohn, Handwerkerrechnungen u. a. gehören, müssen im nächsten Vierteljahr eingeklagt werden. Der Gläubiger kann Personal- und Sacharrest beantragen, bis die Schuld registriert worden. Ist der Schuldner aber einmal von der Universität fort, so bleibt den Gläubigern zwar der

---

*) Nov. corp. constit. March. Bd. 11, Sp. 637 f.

Rechtsweg unverschränkt; falls sie jedoch aus dem Vermögen des Schuldners nicht befriedigt werden, kann gegen ihn nicht mehr zum Personalarrest geschritten werden, sondern die Gläubiger müssen in Geduld warten, bis der Schuldner in zahlbaren Stand gesetzt ist.*)

Diese Verordnung bezeichnet nur insofern einen Fortschritt, als das Stundungsprinzip, was zuerst 1764 nur für die Theologen eingeführt war, jetzt allgemein zur Anwendung gebracht wird. Im Übrigen aber erscheinen die Honorarschulden ihres halboffiziellen Charakters wieder entkleidet, der Staat übernimmt nicht mehr im Verwaltungswege die Einziehung derselben, sondern verweist die kreditgebenden Professoren auf den gerichtlichen Klageweg.

Bevor ich den Verlauf der Angelegenheit im 19. Jahrhundert weiter verfolge, will ich hier erst einschalten, was über die Höhe der Honorare in Halle aus dem vorigen Jahrhundert bekannt ist. Nach Schrader (I, 108) wurden anfänglich in der Regel zwei bis sechs Thaler für fünfstündige Privatvorlesungen entrichtet. Die Lehrer der Heilkunde und der Naturwissenschaften erhoben mehr wegen des Aufwandes, den sie für die Beschaffung der Lehrmittel machen mussten. „Später," sagt Schrader (I, 339), „sind diese Ausgaben von der Staatsregierung übernommen, ohne dass eine Minderung der Vorlesungsgebühren eingetreten wäre." Am Ende des Jahrhunderts pflegten für wöchentlich fünf- bis sechsstündige Vorlesungen die Professoren der Theologie drei bis vier, die Juristen fünf, die Philosophen drei bis fünf, die Mediziner aber von drei bis zu fünfzehn Thalern zu erheben; der adeliche Student zahlte mehr, der Graf das dreifache (Schrader I, 588). Jn dem Schema des i. j. 1787 eingerichteten Administrationskollegiums für die Ausgaben der Studierenden werden die Honorare mit 32 Rthlr. auf das Jahr angesetzt, wobei vier tägliche Kollegia zu Grunde gelegt werden. Das würde also für ein fünfstündiges Halbjahrskolleg vier Thaler ausmachen, die man dann wohl für Halle als Grundtaxe ansehen kann. Doch hebt auch das genannte Schema**) ausdrücklich hervor, dass jene Berechnung auf medizinische Kollegien nicht angewendet werden könne, „als welche gewöhnlich in Betracht der Anatomie 48 bis 50 Rthlr., wenn nicht davon etwas erlassen wird, zu betragen pflegen." An eine Normierung der Honorarsätze hat die Staatsregierung

---

*) Nov. corp. constit. March. Bd. 11. Sp. 637.
**) Schrader II, 523.

nie gedacht. Ebenso wenig hat sie sich während des ganzen 18. Jahrhunderts um das Verhältnis der öffentlichen zu den Privatvorlesungen und
umgekehrt gekümmert. Man liess in dieser Beziehung — abgesehen von
dem oben erzählten vorübergehenden Eingreifen Friedrich Wilhelms I. —
die Professoren gewähren. Und man hatte allen Grund dazu. Denn da
der Etat der Hallischen Universität bis 1787 nur 7000 Thaler betrug, so
waren die Gehälter der meisten Professoren gering; ja viele dienten jahrelang, ohne einen Pfennig Gehalt zu bekommen. Vorstellungen, die die
Lehrer bei Hofe erhoben, blieben ohne Erfolg.*) Friedrich Wilhelm sowohl wie Friedrich der Grosse glaubten offenbar, dass ein akademisches
Lehramt eine Erwerbsquelle sei, bei der man alle Besoldung entbehren
könne.**) Das Einzige, was Friedrich der Grosse zur Verbesserung der
Lage der Professoren that, war, dass er ihnen, wie wir gesehen haben, zu
ihren Honorarien verhalf.

Erst 1787 erhielt die Universität eine neue Ausstattung von 7000
Thalern und in den Jahren 1803/4 eine weitere von 15 000 Thalern. Die
damit eingetretene Gehälter-Erhöhung scheint aber zur Folge gehabt zu
haben: auf der einen Seite verminderten Fleiss der Lehrer in Abhaltung
von Privatkollegien, auf der andern Seite grössere Anforderungen des
Staates. Denn als der Minister von Massow im Jahre 1800 die Universität persönlich revidiert hatte, drang er auf eine ausgedehntere Verpflichtung zu Privatvorlesungen; die Universität remonstrierte zwar
dagegen und berief sich auf ihre Vorrechte, erhielt aber 1802 ziemlich
unwirschen Bescheid.***) Als Hauptzweck der Universitäten und Hauptaufgabe der Professoren bezeichnet der Minister das Lehren,†) er besteht
auf Vermehrung der Privatvorlesungen, will die öffentlichen Vorlesungen,
in denen die Hauptgegenstände zu behandeln seien, besser eingerichtet
und die Universitätsferien auf zweimal drei Wochen eingeschränkt wissen.
U. s. w.

Der Organisations-Erlass des Königs vom 10. April 1804††) für die

---

*) Vgl. Hoffbauer, Gesch. der Univ. Halle. S. 159 f.
**) Die beiden Mediziner Hoffmann und Stahl hatten z. B. 1726 200 bezw.
100 Thaler, der Mathematiker Wolff 300, der Jurist Boden 700, Thomasius als Direktor
allerdings 1200 Thaler.
***) Schrader I, 544.
†) Die Professoren hatten in ihrer Eingabe die wissenschaftliche Forschung der
Lehrthätigkeit vorangestellt.
††) Schrader II, 491 f.

Universität Halle ist nun das erste gründliche Universitäts-Statut in Preussen. Es bekennt sich ausdrücklich zum System der Privatvorlesungen (freilich wiederum, ohne die Honorarfrage zu berühren) und verlegt die Übungen in die Publika. Damit haben wir nun die direkte Umkehrung des auf den deutschen Universitäten in den früheren Jahrhunderten üblichen Systems. Der König, d. h. sein Minister Massow schreibt:

„Die Behauptung einiger Lehrer, dass der Jugend-Unterricht nicht gerade die Hauptbestimmung des academischen Lehrers sei, sondern dass dies oder doch jenem gleich geordnet die Cultur der Gelartheit ohne unmittelbare Beziehung auf die Universitäts-Bürger sei, bedarf keiner weitläuftigen Widerlegung. Die daraus . . . abgeleiteten Folgen aber ¦sind wichtig, sowohl bei der Wahl der Lehrer als bei Bestimmung und Ausübung ihrer Lehrerpflichten. Wir verpflichten daher hiemit jeden besoldeten Lehrer eine seiner Besoldung angemessene Zahl von Privat-Collegien auch dann nicht bloss anzukündigen, sondern wirklich zu lesen, wenn sich auch nur eine geringe Zahl von Honorarium zahlenden Studenten unterzeichnet, sobald der Numerus derselben nicht unter sechs zahlenden Subscribenten ist.“

Ferner: „Sollten die so nöthigen Examinatoria und Disputatoria in die Collegia publica verwiesen werden, dergestalt, dass das Besuchen derselben den Studirenden Behufs des Testimonii zur nothwendigen Pflicht gemacht werden muss.“

Was also in Halle von Anfang an den Statuten zuwider sich eingebürgert hatte und was die Könige aus Mangel teils an Mitteln, teils an Interesse für eine gründliche Universitätsreform hatten geschehen lassen, das wurde jetzt gesetzlich sanktioniert: die Privatvorlesungen gelten seit 1804 als die pflichtmässigen, ordentlichen Vorlesungen überhaupt. Die Publika, hier noch zu Übungen bestimmt, verloren allmählich jede offizielle, innere Bedeutung für den Universitäts-Unterricht, so dass schon in den 30er Jahren dieses Jahrhunderts ihre gänzliche Aufhebung beantragt wurde. Das Ministerium ging allerdings nicht darauf ein, wohl in Erinnerung an die ehemalige Bedeutung und Pflicht eines öffentlichen Professors, und so blieb denn den Professoren, ähnlich wie in Göttingen schon unter Münchhausen, überlassen, aus ihrem Publikum zu machen, was ein jeder daraus machen wollte.

Es ist aber bezeichnend für die Zusammenhangslosigkeit der ehemaligen preussischen Universitäts-Gesetzgebung, dass, während für Halle im Jahre 1804 die collegia publica auf Examinatoria und Disputatoria eingerichtet wurden, in Königsberg noch bis zum 300jährigen Jubiläum hin vier-, ja fünfstündige öffentliche Hauptvorlesungen gehalten wurden.

Ferner muss man es — namentlich auch im Hinblick auf die Gesetzgebung anderer Staaten — als einen Mangel bezeichnen, dass in jenem Organisations-Erlass von 1804, wo doch den Professoren die Privatvorlesungen zur Pflicht gemacht und demnach die Unentgeltlichkeit des Studiums abgeschafft wurde, keinerlei Festsetzung über die Höhe des von den Studierenden zu zahlenden Honorars getroffen wurde, keinerlei neue Festsetzung auch über Erlass oder Stundung desselben. Dies hatte zur Folge, dass die Honorarverordnung Friedrichs des Grossen von 1767 ebenso wie das Schulden-Gesetz von 1802 in Vergessenheit geriet, dass 1818 die juristische Fakultät selbständig ihr Honorarwesen regelte und dass, als Minister Altenstein nach 1823 eine Quästur einrichten wollte, die Professoren darin sogar einen Eingriff in ihre Privatrechte zu erblicken geneigt waren. Erst 1845 kam, nach langem Widerstreben — die juristische Fakultät hielt sich sogar noch bis 1865 davon fern — eine gemeinsame Quästur-Einrichtung zu Stande, die das Einziehen sämtlicher Vorlesungsgelder besorgte.*)

Soviel von Halle.

Es erübrigt nun noch, um damit unsere Rundschau zu beschliessen, die Göttinger Verhältnisse darzustellen.

15. Göttin
gen.

Göttingen zieht das Resultat aus der bisherigen Entwickelung der Universitäten. Ihre Mängel sind erkannt, ihre Bedürfnisse desgleichen. Den Anforderungen der Neuzeit muss Rechnung getragen werden. Das geschieht in Göttingen. Man behält zwar die alten Formen und Bräuche bei, man giebt sich sogar noch Statuten im alten Sinne, speziell nach Hallischem Muster; aber man setzt sich von vornherein über alle Bestimmungen hinweg, die der freien Lehrthätigkeit der Professoren Mass und Ziel setzen konnten. War die materielle Lage der Professoren an den meisten Universitäten bis dahin kümmerlich, in Göttingen wurde der Mangel von vornhinein abgewehrt; die neue Universität erhielt eine Dotierung, wie keine ihrer älteren Schwestern je gehabt hatte. Die Georgia Augusta sollte gedeihen, und sie gedieh und ward die „Königin unter den deutschen Universitäten".

---

*) Schrader II, 119.

Aller Augen richteten sich auf die emporblühende junge Universität.
Und als nun 1768 Michaelis sein berühmtes Räsonnement über die protestantischen Universitäten veröffentlichte, das nichts weiter ist als ein
Kommentar der Göttinger Einrichtungen, da wurden eben diese weithin
bekannt und vorbildlich. Und alles, was wir in unserer bisherigen Darstellung der verschiedenen deutschen Universitäten speziell auf dem Gebiete der Vorlesungen an Veränderungen, Reformen und Neubildungen
seit der zweiten Hälfte des vorigen Jahrhunderts kennen gelernt haben,
ist vorzugsweise auf den Einfluss und das Vorbild Göttingens zurück-
zuführen.

Den Geist, in welchem die Universität Göttingen gestiftet wurde, erkennt man am besten aus Rösslers Buche: Die Gründung der Universität Göttingen. (1855.) An der Hand der Urkunden sind hier die
vorbereitenden Schritte zu verfolgen, das umsichtige Erwägen und Rat-
einholen Münchhausens, der auf der Höhe seiner Zeit stehend mit weit-
ausblickendem Geiste Fürsorge traf, dass seine Schöpfung gedieh.

Von der Art und Weise der Vorlesungen hing viel ab. Wie waren
die einzurichten?

In einer Sitzung des geheimen Rats-Kollegiums vom 16. April 1733[*]
votierte Münchhausen: „Gelehrte Monopolia müssen nicht gestattet, sondern
jedem Professor erlaubet werden, auch die zu seiner Profession nicht ge-
hörige Disciplinen zu dociren." Dem gleichen Gedanken begegnen wir
in Mosheims Denkschrift über die Einrichtung einer Academie mit den
Bemerkungen Just. Henn. Böhmers (1733). Mosheim rät, bei der Universität ein Kollegium sog. Adjuncti zu bilden als eine Pflanzschule für
den Bedarf an Professoren. Dazu sei nötig, dass die ordinarii professores
kein monopolium anzurichten Gelegenheit bekommen, sondern die doctores
und magistri Freiheit zu lesen haben.[**] Zu seinem weitern Vorschlag
aber, dass es ihnen frei stehen solle auch publice ohne Entgelt zu lesen,
jedoch nur mittwochs und sonnabends und überall auf eine solche Art,
dass den lectionibus der Professoren kein Eintrag geschehe, bemerkt
Böhmer: „Dieses ist nicht zu rathen und machet schon ein monopolium
bey den Professoribus, quod praecavendum. Wie sollen diese Adjuncti
sich hervorthun, wenn sie nicht publice frey lesen sollen?"

---

[*] Rössler S. 37.
[**] Ebda S. 21 ff.

Mosheim kann sich noch nicht freimachen von der hergebrachten Ansicht über die Bedeutung der lectiones publicae. Das sieht man auch an seinem Entwurf der Statuten der theologischen Fakultät (1735), worin er die Hauptteile der Theologie noch den öffentlichen Gratis-Vorlesungen zuweist.*) Auch in Werlhofs Gutachten wegen einer medizinischen Fakultät (1733) wird der sogen. Cursus noch auf die lectiones publicae bezogen, allerdings daneben betont, „dass privatcollegia ungemessene Freyheit hätten.**)

Münchhausen hat nun aber die alte Illusion von der Zulänglichkeit der paar öffentlichen Wochenstunden sogleich aufgegeben. Freilich brach er nicht vollständig mit der Tradition, er behielt die Unterscheidung in öffentlichen und privaten Unterricht bei, wenn auch mehr der Form als dem Sinne nach. In dem für die Öffentlichkeit bestimmten Königlichen Privilegium vom 7. Dezember 1736 wird den Professoren vollkommene Freiheit, Befugnis und Recht erteilt, öffentlich und besonders zu lehren, respective Collegia publica und privata zu halten, jedoch keinerlei Unterschied zwischen beiden Arten der Vorlesungen hinsichtlich des Lehrauftrags gemacht. Im Abschnitt XXI heisst es sogar: „Einem Professori soll nachgelassen seyn, auch ausserhalb der Profession, wozu er eigentlich und specialiter bestellet ist, privatim zu lesen, was er kan und will, ohne dass der Professor ordinarius, in dessen Profession es schläget, solches wiedersprechen oder hindern dörfe, nicht aber ausser seiner Facultät, als nur allein in Philosophicis," woraus hervorgeht, dass nicht beabsichtigt wurde, Lehrpensen in den Fakultätswissenschaften abzugrenzen, auf bestimmte öffentliche Lehrstunden zu verteilen und damit den ordentlichen Professoren den alten Zwangskursus aufzuladen.

Die nie veröffentlichten (und, wie ich hier gleich einschalten will, nie befolgten) Statuten,***) nämlich das allgemeine Statut von ebendemselben 7. Dezember 1736 und die Fakultätsstatuten vom 3. August 1737, weisen allerdings den öffentlichen Vorlesungen noch eine Ausnahmestellung und eine scheinbar grössere Bedeutung zu. Während im oben angeführten Privilegium den Professoren Freiheit, Befugnis und Recht verliehen wird, öffentlich und besonders zu lehren, legen ihnen die Statuten die

---

*) Rössler S. 283 ff.
**) Ebda S. 303.
***) Im Universitäts-Archiv, bezw. in den Fakultäts-Archiven in Göttingen.

Pflicht auf, viermal wöchentlich publice zu lesen. Es heisst nämlich im § 39 des allgemeinen Statuts:

„Publice quaternas per hebdomadem recitationes habento,
nisi quod Senatus concilium vel solennior disputatio obeunda justam ejus
excusationem adferent. Quumque suum singulis Facultatibus attributum sit
auditorium publicum, Professores cujusque Facultatis in conventu ante
solennia semestrium lectionum initia ea de re instituendo deliberent, quam
sibi quisque horam ad publicam recitationem velit sumere, ne alter alterum
interpellet: qua in re optio penes eum erit qui antiquiorem habet in
Facultate locum."

Die Statuten der philosophischen Fakultät aber handeln in Cap. II
de lectionibus et disputationibus folgendermassen:

§ 1. Singuli Professores quatuor minimum horas per hebdomadem
doceant in Auditorio publico eam disciplinam, quam docere jussi
sunt . . .

§ 2. Gaudeant Professores omnes honesta quadam dicendi sentien-
dique libertate . . .

§ 3. Contineto se quisque Professorum publicis lectionibus intra
limites muneris demandati, nec falcem in alienam messem mittere sibi
arrogato. Privatam vero operam ipsi collocare liceat in quacunque
disciplina philosophica, cujus tradendae occasionem nactus fuerit.

§ 4 verlangt dazu, dass die öffentlichen Stunden pünktlich gehalten,
und § 5, dass sie innerhalb des Semesters zu Ende geführt werden.

Das sind allerdings ganz bestimmte Vorschriften bezüglich der öffentlichen Vorlesungen. Was aber hier zum ersten Male im Gegensatz zu
den Statuten aller älteren Universitäten weggeblieben ist, das ist die
ausdrückliche, auf die vier öffentlichen Wochenstunden bemessene Einteilung der Lehrpensa.

In der That kehrte sich nun das Verhältnis gänzlich um. Vor Göttingen musste überall jeder öffentliche Professor die Hauptwissenschaften
öffentlich, d. h. im öffentlichen akademischen Hörsaal, und unentgeltlich
vortragen, und seine Privatkollegia durften diese öffentlichen Lektionen
nicht beeinträchtigen. Wenn sie es aber thaten, so erfolgten Monita der
vorgesetzten Behörde, sonderlich des Patrons und Landesherrn. Davon
war nun in Göttingen keine Rede mehr.

Ordentlich naiv klingt, was Pütter*) von der Einrichtung der aka-

*) Gelehrten-Geschichte von der Univ. Göttingen. 1765. I, 276.

demischen Vorlesungen in Göttingen erzählt: „Nach einem alten Herkommen pflegt man die akademischen Lehrstunden in öffentliche und Privatvorlesungen einzutheilen. Jene, welche eigentlich*) ein jeder öffentlicher Lehrer von Amtswegen zu halten verbunden ist, werden gemeiniglich**) besondern Theilen [!] oder Gattungen von Wissenschaften und Disciplinen gewidmet. Für letztere, worin die Hauptwissenschaften [!] vorgetragen werden, wird von jedem Zuhörer ein bestimmtes Honorarium entrichtet. Oeffentliche Vorlesungen können zwar auch [!] in öffentlichen Hörsälen gehalten werden, so aber gar selten geschiehet. Ein jeder hält ordentlicher Weise [!] seine Vorlesungen in seinem Hause."

Ordentlicher Weise? Angesichts der Statuten?

Wie Münchhausen über diesen Punkt gedacht hat, zeigt ein Satz in seinen „Bemerkungen über Joh. Jac. Mosers Rede, wie Universitäten, besonders in der juristischen Facultät in Aufnahme zu bringen" (Frankfurt 1736). Er sagt:

„Kein Professor muss nach meiner Einrichtung ein sogen. collegium publicum lesen, wenn er nicht will; aber ich seh' es gerne, wenn er es thut; daher lesen die meisten und zwar treffliche collegia."***)

Die statutarischen Vorschriften bedeuteten selbst für Münchhausen keinen Zwang, er gestattete also vollkommene Lehrfreiheit.

„Unter jenen Vorzügen, welche damals allgemeinen Anklang fanden, wurde von den Zeitgenossen hervorgehoben, wie sich die neue Universität durch eine ganz veränderte äussere Stellung der akademischen Lehrer auszeichne. Erklärlich ist es, dass, da man den Plan hatte, gleich zum Beginn die bedeutendsten und tüchtigsten Gelehrten selbst aus den günstigen Verhältnissen herbeizuziehen, auch dafür bedeutendere Fonds angewiesen, die Rangstellung und die festen Besoldungen viel höher gesetzt wurden als anderwärts.†) Wohlthätig wirkte dies auf die Thätigkeit der akademischen Lehrer, indem dieselben sicher nicht wie an andern Orten durch fremdartige Arbeiten ihren Lebensunterhalt gewinnen oder durch ein übermässiges Vervielfältigen der Vorlesungen die Honorareinnahme als eine Bedingung ihrer Existenz vergrössern mussten. Ebenso

---

*) Vgl. die Göttinger Statuten.
**) Nämlich in Göttingen.
***) Bei Rössler S. 474.
†) Halle hatte einen Etat von 7000 Thlrn.; für Göttingen wurden von vornherein 16600 Thlr. als nötig berechnet.

wurde gerühmt, dass man in Göttingen mit entschiedenem Ernste eine Lehrfreiheit wolle, welche auch durch andere feste Bürgschaften gesichert sei. Dem akademischen Lehrer stand es frei, in dem von ihm gewählten Fache die Materie selbst zu bestimmen, welche er lehren wollte; er genoss daher insbesondere Freiheit von dem Zwange, in bestimmten Stunden, welche ihm in Halle die Fakultät anwies, die Hauptdisciplinen publice lesen zu müssen. Es haben sich aus der Nachwirkung dieser Lehrfreiheit die Privatkollegien eine ganz andere Stellung genommen."*)

Die Richtigkeit dieser Bemerkung wird bestätigt durch unsere bei den einzelnen Universitäten gegebenen urkundlichen Darlegungen. Es gab nun einmal als Produkt der geschichtlichen Entwickelung neben den offiziellen öffentlichen Vorlesungen die privaten. Diese hatten aus mehr als einem Grunde jenen längst den Rang abgelaufen. Auf den Boden dieser Thatsache stellte sich Münchhausen als Kurator der Georgia Augusta. In den oben erwähnten Bemerkungen über die Mosersche Rede spricht er sich weiter dahin aus: „Zum Besten der Universität möcht' ich nicht einmal, dass alle Collegien gratis gelesen würden. Der grosse Beweggrund alles anzustrengen, um sich Beyfall der Zuhörer zu erwerben, würde dann wegfallen. Auch hab' ich gefunden, dass geringe Honorarien nicht viel zur Aufnahme einer Akademie beytragen; denn man weiss ja! dass die Universitäten oft am meisten blühen, wo die theuersten Professoren sind. Auch hier heisst es: „nachdem Waare, nachdem Geld." . . . Überhaupt beruht diese Sache meist auf Privatconvention der Lehrer und der Studirenden, in die ich mich niemals mische, so lang ich nicht bemerke, dass dadurch der Ehre, dem Ruf und Ansehen der Akademie ein Stoss zugefügt wird."

Also die Einmischung hat sich Münchhausen doch gegebenen Falls vorbehalten.

In dem ersten Entwurf der akademischen Gesetze seitens des geh. Rats-Kollegiums (1735)**) war an eine taxa der collegiorum gedacht worden, „damit dieselbe nicht über Gebühr gesteigert werden mögen". Die Bemerkung Böhmers (in Halle) dazu: „Dieses ist bisshero ungewöhnlich gehalten worden, und wird man so lange davon abstrahiren, als

---

*) Kössler S. 24.
**) Ebda. S. 265.

nicht Missbräuche desswegen denunciret werden. Professorum labor non est mercenarius*) — scheint indes noch als durchschlagend anerkannt worden zu sein; denn das allgemeine Statut vom 7. Dezember 1736 enthält in § 39 nur den Satz: „Privatis autem lectionibus honorarium statuant [scil. Professores] moderatum et erga tenuioris sortis homines indulgentes potius se praebeant, quam rigidos exactores."

Die Professoren behielten also auch in der Honorarfrage freie Hand. Pütter**) giebt an, was man in Göttingen für die Kollegia nahm: nämlich in der theologischen und philosophischen Fakultät 3 Thaler, in der juristischen und medizinischen 4 bis 5. Pandekten und einige medizinische Vorlesungen kosteten 6, Praktika 10 Thaler. Grafen bezahlten das Doppelte, sassen dafür aber auch, wie in Erlangen, auf der Grafenbank.

Auf die Gesetzgebung, betreffend die Entrichtung der Kollegienhonorare, komme ich hernach zu sprechen. Zunächst will ich hier das Schicksal der öffentlichen Vorlesungen auf Grund der Lektionskataloge und anderer Nachrichten verfolgen.

In den ersten beiden Jahrzehnten sind neben zahlreichen Privatkollegs auch die vierstündigen Publika, sogar über Hauptfächer gelesen oder wenigstens angekündigt worden. Selbst Privatdozenten zeigen Publika an, ausdrücklich Publika, nicht bloss Gratis-Vorlesungen, diese eitle Distinktion ist erst eine Erfindung des 19. Jahrhunderts.

Beispiele. Gebauer liest 1736 publice um 11 Uhr Digesten, privatim um 10 Uhr Institutionen. Gesner giebt publice eine Horaz-Interpretation, privatim traktiert er u. A. Cicero, Officia.

Haller liest 1737 8ʰ ante meridiem (also vierstündig) Geschichte der Anatomie öffentlich; von 1740 an ist sein gewöhnliches Publikum um 8 Uhr morgens die Botanik. Seine Privatkollegs sind Osteologie, Physiologie, Chirurgie. In den fünfziger Jahren unterlässt er, wie mancher Andere, die Hinzufügung publice und privatim im Vorlesungs-Verzeichnis. Pütter zeigt als Extraordinarius 1751 methodum jurisprudentiae universae

---

*) Vgl. dagegen eine Ingolstädter Urkunde von 1571 (Prantl II, Nr. 88). Hier werden die Professoren an ihre Pflicht zu lesen erinnert, weil sie seien „veri ac proprii cels. suae mercenarii ad hoc unum conducti, ut optima fide et assidua diligentia quae suae sunt professionis tradant."

**) Gelehrten-Geschichte I, 319.

öffentlich an, als Ordinarius 1754 beschränkt er sich schon auf ein exercitium disputandi.

In den 60er Jahren treten die öffentlichen Vorlesungen schon sehr zurück. Manche halten gar keine mehr, Andere bloss noch zweistündige. Walch z. B. kündigt 1769 publice Montags und Donnerstags 7—8h Geschichte der Sekten an, privatim dagegen liest er von 8—9 Uhr (ohne Angabe der Tage, also wohl viermal) Dogmatik. So geht das fort. Pütter zeigt noch 1790 ein zweistündiges Publikum an — Dienstag und Donnerstag um 3 Uhr jus privatum principum, während der grosse Orientalist und Fürsprech der Privatvorlesungen Michaelis bloss noch eine Hiob-Interpretation öffentlich auf sich nehmen will; ein Privatkolleg hat er gegen Ende seines Lebens nicht mehr zu Stande gebracht.

Meiners, gleichfalls ein Verfechter der Kollegiengelder, hat sich nie viel um öffentliche Vorlesungen bemüht. Seit 1772 Extraordinarius, 1775 Ordinarius kündigt er meistens nur privata, sehr selten ein publicum an.

Um 1800 verschwinden die öffentlichen Vorlesungen fast gänzlich aus den Lektionsverzeichnissen. Sie sind allmählich aus Mangel an Teilnahme eingegangen. Die im 18. Jahrhundert angekündigten werden auch nicht alle gehalten worden sein. Schreibt doch schon 1768 Michaelis in seinem Räsonnement, dass die Studenten die Publica nicht besuchten, angeblich weil sie sie nicht bezahlen dürften. Und wie er, tritt dann Brandes*) halb und halb für Abschaffung der öffentlichen, d. h. jetzt richtiger der Gratis-Vorlesungen ein.

Den Zustand der Göttinger öffentlichen Vorlesungen am Anfang des dritten Dezenniums des 19. Jahrhunderts beschreibt und entschuldigt Saalfeld in der Fortsetzung der Pütterschen Gelehrten-Geschichte (1820. III, 560) mit folgenden Worten:

„Es ist wiederholt ... Göttingen zum Vorwurf gemacht worden, dass die Zahl der wirklich gehaltenen öffentlichen Vorlesungen immer geringer werde, und wiewohl noch gewöhnlich über einzelne Theile einer Wissenschaft öffentliche Vorlesungen gehalten werden, so lässt sich freilich nicht leugnen, dass sich die Anzahl derselben in neuern Zeiten eher vermindert hat. Nichts desto weniger aber würde man sehr unrecht thun, dies der Universität unbedingt zum Vorwurf machen zu wollen. Es ist bereits öfter bemerkt worden und durch die Erfahrung einer langen Reihe von

---

*) Ueber den gegenwärtigen Zustand der Universität Göttingen. 1802.

Jahren bestätigt, dass der grosse Haufe unter den Studierenden viel mehr Gewicht auf ein Collegium legt, weil er es bezahlt hat, es viel seltner versäumt, weil es ihm Geld gekostet."

Es mag ja sein, dass von der reichen englisch-hannöverschen Aristokratie, die die Universität in Göttingen frequentierte, der Ton angegeben worden ist. Aber es darf doch nicht ausser Acht gelassen werden, dass eben die Privatkollegia auch die Hauptkollegia waren, die schon deshalb von den Studenten fleissiger besucht wurden, während die Publika minder wichtige Disciplinen behandelten, die sich daher der Student, der noch andere Sachen als Kolleg hören für wichtig hält, eher glaubt schenken zu können. Uebrigens hat die obige Michaelis-Pütter-Brandes-Saalfeldsche Behauptung zur Voraussetzung, dass die Vorlesungen vorausbezahlt wurden. Um dieses „Recht" haben sich aber die Herren Studiosi in Göttingen ebensowenig gerissen als anderwärts. Die Gesetzgebung hat vielmehr schon in den 6oer Jahren des vorigen Jahrhunderts den Professoren zu Hülfe kommen müssen in Beziehung auf die Beitreibung der Kollegiengelder.

Also wenn die Göttinger Professoren selbst mehr Wert darauf gelegt hätten, so würden ihre Publika wohl auch Zuspruch gefunden haben. Aber da sie sich selbst von der statutarischen Vorschrift dispensierten und Münchhausen sie gewähren liess, so waren sie schliesslich ex usu vel potius abusu entschuldigt, wenn sie die Auditoria publica leer stehen liessen. Nicht geringe Verlegenheit bereitete ihnen im Jahre 1796 der Befehl des geheimen Rats-Kollegiums in Hannover, einen Abdruck der Statuten zu veranstalten. Es fanden darüber im Universitäts-Konzil wiederholte Beratungen statt, und man merkt es den Protokollen an, wie unangenehm überrascht die Professoren selbst waren, als sie bei Prüfung des Zustandes entdeckten, dass die Statuten längst nicht mehr befolgt wurden. Es wurde eine Kommission eingesetzt, zu untersuchen, welche Paragraphen noch gültig waren, welche durch königliche Reskripte und welche durch Gebrauch abgeändert waren. Man fand aber gar nicht durch. Zu den „usu immutata loca" gehörte auch der § 39, der von den lectiones publicae handelt. Die Beratungen führten schliesslich zu dem Ergebnis, der Regierung zu berichten, dass der Abdruck nicht ratsam sei, weil sich teils usu teils rescriptis regiis zu viel an den Statuten geändert habe. Die Regierung verzichtete denn auch darauf, und so ist

9

es gekommen, dass die Göttinger Statuten bis heute noch nicht veröffentlicht sind.

So ist es auch gekommen, dass Göttingen nicht sowohl durch seine Statuten, als vielmehr durch seinen Brauch für die moderne Entwickelung des Universitätswesens vorbildlich geworden ist. „Uebereinstimmend fanden die Zeitgenossen in den Einrichtungen Göttingens viel grössere Bürgschaften der Lehrfreiheit als anderwärts; rasch verbreitete sich der Ruf, man könne dort in seinem Fache lehren, was man wolle, den Wissenschaften lasse man da völlig freien Lauf. Es lag in diesem Urteile eine zutreffende Anerkennung des offen ausgesprochenen Grundsatzes der Freiheit der wissenschaftlichen Forschung."*)

Das war etwas, was die ältern Universitäten nicht kannten, wenigstens nicht in diesem Umfange. Sie hatten allerdings auf dem Gebiete der Privatvorlesungen auch Lehrfreiheit, nur wurde diese inhaltlich beschränkt durch das Aufsichtsrecht der theologischen Fakultät, die darüber wachte, dass nichts „contra sacrosanctam Scripturam nostramque in ea fundatam orthodoxiam"**) gelehrt wurde, und äusserlich begrenzt durch die Präponderanz der öffentlichen Lektionen, die den obligatorischen Lehrkursus enthielten. Beides fiel in Göttingen weg. Aber als eine conditio sine qua non für jene Lehrfreiheit entzog man der Georgia Augusta — auch nicht zu ihrem Schaden — die zwei wichtigsten korporativen Rechte älterer Universitäten, nämlich das Vorschlagsrecht bei Stellenbesetzungen und das Verwaltungsrecht des Universitätsvermögens; sie war damit in jedem Betracht eine reine „Staatsanstalt."

Ich will nun noch auf die Entwickelung des Honorarwesens in Göttingen eingehen. Die den Professoren zugestandene Lehrfreiheit bewirkte in Verbindung mit den ausreichenden Gehältern, dass hier zum ersten Male das Lehrgeschäft lukrativ wurde. Die Professoren waren die einzigen Geldmänner in Göttingen, sie fühlten sich unabhängig von den Studenten und konnten deshalb von ihnen etwas verlangen. Aus der Schrift eines dort studierenden Schweizers***) erfährt man, dass es mit der Pränumeration der Kollegien ziemlich genau genommen und selten Nachlass gewährt wurde. Gerade Michaelis, der in seinem Räsonne-

---

*) Rössler S. 25.
**) Giessener Statuten im Tit. LI.
***) Göttingen nach seiner eigentlichen Beschaffenheit dargestellt von einem Unpartheyischen. Lausanne 1791.

ment so eifrig für die Bezahlung der Vorlesungen eintritt, war einer von denen, die ein Student niemals um Erlass des Honorars bitten durfte, „ohne eine Beschimpfung zu risquiren". Und wie Pütter in seiner Selbstbiographie (II, 519) erzählt, liess Michaelis keinen Zuhörer zu, der nicht das Honorar vorausbezahlte.*) Pütter selbst aber soll einschliesslich der Kollegiengelder ein Jahreseinkommen von 12 000 Thalern gehabt haben.**)

Münchhausens Standpunkt in Bezug auf die Honorare haben wir oben schon erwähnt, er sah die Sache als eine Privatangelegenheit der Lehrer an, so lange nicht Ehre, Ruf und Ansehen der Akademie dabei auf dem Spiele stand. Dieselbe Zurückhaltung zeigen auch die ‚Academischen Gesetze für die Studiosos' von 1769. Der § X derselben erklärt es für die Schuldigkeit der Studiosorum, „den Abtrag der gewöhnlichen oder besonders versprochenen Honorariorum, die ohnedem mehrentheils den geringsten Theil ihres Aufwands ausmachen, ohne die Richterliche Hülfe zu erwarten, als welche auf beschehene Anzeige ohnverweilt erfolgen muss, dankbarlich zu bewerkstelligen . . . dahingegen diejenige, so an zeitlichen Gütern Mangel haben, zu allen ihren Lehrern sich das zu versehen haben, wenn sie sich deshalber gebührend melden und ihr Unvermögen einigermassen bescheinigen, dass lehrbegierigen und fleissigen ingeniis der ohnentgeltliche Unterricht nie werde versagt werden."

Unter dem 9. Februar 1770 erliess König Georg ein Kredit-Edikt, in welchem nach Vorgang anderer Universitäten als privilegierte Schulden aufgeführt werden:

> die Honoraria der Professoren,
> die Bezahlung der Sprach- und Exerzitienmeister,
> die Miete für Wohnung,
> das Tischgeld,
> die Forderungen von Arzt und Apotheker

und noch einiges Andere.

Ueber die Kollegiengelder wird gesagt: es hätten zwar einige Professoren die Vorausbezahlung bereits eingeführt, doch wolle man das noch nicht zur allgemeinen Schuldigkeit machen, „sondern die Einforderung des Verdienstes während der Vorlesungen eines jeden Lehrers eigenem

---

*) Auch Heeren registriert in der Biographie Heynes Michaelis' Eigennutz.
**) Göttingen . . . von einem Unpartheyischen. 1791. S. 22.

Gutfinden überlassen". Jedoch sollen die Lehrer rückständige Honorare innerhalb vier Wochen*) nach Beendigung des Collegii, allenfalls durch obrigkeitliche Hülfe, ernstlich fordern und nicht etwa bis zum Abzug der Studierenden anstehen lassen, da ihnen dann nur die Honoraria des letzten halben Jahres gerichtlich beigetrieben werden können.

Diese Verfügung geschah offenbar im Interesse der Studierenden, damit sie nicht ihre Studienzeit mit einem Haufen Schulden abschlössen.

Die Professoren hielten nun aber seit dieser Zeit ganz allgemein auf Pränumeration. Denn in dem handschriftlichen Original-Entwurf der im Jahre 1796 publizierten akademischen Gesetze wird in einer Anmerkung zu § 7, der die Vorausbezahlung der Honorare festsetzt, gesagt: die Vorausbezahlung sei schon seit 24 Jahren Observanz in Göttingen, übrigens auch auf andern Universitäten üblich, z. B. in Helmstedt, Gesetze von 1792, in Marburg, Gesetze von 1790.

Der genannte § 7 lautet übrigens:

„Das gewöhnliche Honorarium für Privatkollegia muss bey dem Belegen der Plätze in den Hörsälen vorausbezahlt werden. Findet der Zuhörer wegen Mangels an Gelde nöthig, sich auf einige Zeit Credit zu erbitten, so ist nach Ablauf der darüber zwischen ihm und dem Lehrer bestimmten Zeit die nicht vertragsmässig entrichtete Schuld ohne weitere Anmahnung klagbar."

§ 8 fügt hinzu, dass die Lehrer armen Studenten Erlass gewähren werden, wenn sie unter Beibringung eines obrigkeitlichen Zeugnisses des Unvermögens geziemend darum bitten.

Die akademischen Gesetze von 1796 forderten also die Pränumeration, die Gesetze vom 7. März 1818 wiederholen diese Forderung, sie scheint aber nur an die Studierenden gerichtet gewesen zu sein und für die Professoren keine Massregel bedeutet zu haben. Denn das von ebendemselben 7. März 1818 datierte Kreditgesetz rechnet die Honoraria der Professoren und Privatdozenten nach wie vor unter die privilegierten Schulden und erörtert die Angelegenheit in § 4 mit den Worten:

„Die Honoraria . . . . betreffend, so werden Wir zwar gern sehen, dass von den Lehrern eine Vorausbezahlung derselben gefordert werde; da Wir jedoch noch zur Zeit die Forderung der Vorausbezahlung nicht

---

*) Ein Reskript vom 4. Februar 1780 macht daraus sechs Wochen.

als eine allgemeine durch öffentliche Gesetze bestimmte Verpflichtung den Lehrern auflegen wollen, sie auch aus leicht hervorgehenden Ursachen nicht nöthigen mögen, die wegen der Honorare anzustellenden Klagen auf die Zeit, da der Studirende die Akademie frequentirt, zu beschränken, so wird den Professoren und Privatdocenten hiermit vergönnet, die Klagen wegen der schuldigen Honorarien in einem Zeitraum von 3 Jahren, nach vollendetem jedesmaligen akademischen Aufenthalte des Studiosi noch anstellen zu können."

Bald darauf, im Jahre 1823, wiederholen die Gesetze für die Studierenden die Vorschrift der Vorausbezahlung und fügen hinzu: Das Universitätsgericht ist verbunden, von Amtswegen in der Mitte eines jeden Semesters von allen akademischen Lehrern eine Liste derjenigen Studierenden einzufordern, welche die Honorarien nicht vorausbezahlt oder nicht ganz oder theilweise erlassen erhalten haben und für deren Beitreibung zu sorgen. Die Lehrer sind verpflichtet, diese Listen vollständig einzureichen.

Auch diese Vorschrift, die sich übrigens wieder nicht mit dem Kredit-Gesetz von 1818 reimt, scheint nicht befolgt worden zu sein; die Professoren wollten sich offenbar in ihrem Geldverkehr mit den Zuhörern, der unzweifelhaft, so lange er sich direkt abspielte, den Charakter des Privaten an sich trug, keine Vorschriften machen lassen.

Nichtsdestoweniger geht die Gesetzgebung weiter. Unter dem 11. September 1829 bestätigte die Hannöversche Regierung ein vom Universitäts-Kuratorium entworfenes Regulativ, betreffend Erlass und Stundung der Kollegien-Honorare. Danach sollen diejenigen, welche um gänzlichen oder halben Erlass oder Stundung der Honorare bis nach dem Abgange von der Universität nachsuchen wollen, ihre Bewerbungen vier Wochen vor Beginn der Vorlesungen an die Königl. Universität zu G. einreichen unter Beifügung dreier Zeugnisse, nämlich des Betragens, der Maturität und der Bedürftigkeit. Wird das Gesuch für zulässig erachtet, so darf der Studierende den betreffenden Lehrer um Erlass oder Stundung bitten, hat aber „durchaus kein Recht, Erlass und Stundung zu verlangen". „Es hängt vielmehr lediglich von dem Ermessen des Lehrers ab, ob und inwieweit er einen Erlass bewilligen und ob er das Honorar auf immer erlassen oder Stundung über die Zeit der academischen Studienjahre hinaus bewilligen will; in dem letzteren Falle hat der Studirende einen gedruckten von ihm auszufüllenden Schein zu unterschreiben."

Die Lehrer sollten zudem ihre Bewilligung nicht anders als auf Grund des gedachten Erlaubnisscheines aussprechen dürfen. Ob sie sich immer daran gebunden haben werden, bleibt freilich zu bezweifeln, so lange jeder einzelne die Gelder selbst in Empfang nahm. Die Professoren hielten aber an diesem vermeintlichen Privatrecht so hartnäckig fest (und durften das auch zufolge der ihnen in Göttingen weit mehr als anderwärts zugestandenen Selbstherrlichkeit in Sachen der Vorlesungen), dass sie sich noch Jahre lang gegen die von seiten der Regierung im Jahre 1835 verlangte Quästur-Einrichtung sträubten. Schliesslich sahen sie wohl ihren daraus entspringenden finanziellen Vorteil ein und so erfolgte denn in Göttingen 1842 die Einsetzung eines Universitäts-Quästors nach dem Muster der Berliner Universität. Als Normaltaxe für die halbjährigen Vorlesungen wurde die Pistole angenommen und damit einfach dem Herkommen Rechnung getragen. Denn nach Pütter*) war um 1788 der Satz für die meisten Kollegia ein Louisdor (= 5 Rthlr.). Gleichwohl blieb dem einzelnen Lehrer auch jetzt noch anheimgestellt, seine Vorlesungen anders zu tarifieren. 1872 hat man sich in Göttingen wie an andern preussischen Universitäten auf den neuen Münzfuss eingerichtet und den Preis für 4 bis 6stündige Vorlesungen auf 20 Mark normiert. Uebrigens hat die mit der Quästur-Einrichtung verbundene sechsjährige Stundung das Erlassen des Honorars in Wegfall gebracht. —

Ich beschliesse hiermit die Reihe der Einzeluntersuchungen. Der Zweck der vorliegenden Arbeit erheischt es nicht, alle deutschen Universitäten in der gleichen Ausführlichkeit durchzunehmen. Gesammelt habe ich noch das Material über die kursächsischen Universitäten, über Giessen, Erfurt und Rostock. Überall zeigt sich ein ähnlicher Entwickelungsgang: die öffentlichen Lektionen sind das Prinzip, die Privatkollegia werden die Regel, erst eingeschränkt, dann geduldet, dann offiziell als Universitätsunterricht anerkannt.

Ich will nur noch die Frage beantworten, ob in der älteren Litteratur über die Universitäten unser Thema bereits berührt ist; denn von den neueren Arbeiten hierüber sehe ich ab, weil sie weniger geschichtliche Kenntnis verraten, als subjektive Ansichten und Wünsche formulieren und jedenfalls über die Argumentationen der Göttinger Trias

---

*) Gelehrten-Geschichte II, 386.

Meiners-Pütter-Michaelis nicht hinausreichen. Da ist es nun sehr bezeichnend und ein Beweis für die Einheitlichkeit und Unzweideutigkeit des Universitäts-Unterrichts, dass seit dem Ende des 16. Jahrhunderts — so weit reicht die Litteratur über die Universitäten zurück — kein Autor die Lectiones und Collegia oder den öffentlichen und privaten Unterricht ex instituto behandelt, wo doch alle andern die Verfassung der Universitäten betreffenden Verhältnisse, oft sehr eingehend besprochen werden. Immer ist nur vom publice docere die Rede, wenn de officio professorum gehandelt wird, und von den salariis, die dafür ex aerario publico gebühren, aber leider nur kärglich gezahlt werden. Johann David Michaelis ist 1768 der Erste gewesen, der in seinem berühmten Räsonnement über die protestantischen Universitäten in Deutschland Gelegenheit nahm, auch diese Seite des akademischen Lebens, nämlich die Privatkollegia und ihre Bezahlung, zu beleuchten. Aus seinen Bemerkungen ersieht man wohl, dass ihm der frühere, noch gar nicht weit zurückliegende Zustand nicht fremd war, indessen zielt doch sein die Erfahrungen in Halle und Göttingen zu Grunde legendes Räsonnement mehr auf eine Empfehlung des Göttinger Usus als auf eine urkundlich belegte Schilderung eben jener frühern u. z. T. auch noch auf manchen deutschen Universitäten konservierten Zustände.

Ich nenne nun einige Schriftsteller des 17. Jahrhunderts, die de jure academiarum geschrieben haben. Bei Besoldus, den L. v. Stein den grössten Staatsgelehrten Deutschlands am Anfange des 17. Jahrhunderts nennt und der verschiedene Traktate über deutsches Universitätswesen veröffentlicht hat, würde man zuerst etwas suchen; es findet sich nichts bei ihm über Privatvorlesungen und Honorare, auch nicht in seinem Thesaurus practicus. Die zweite Autorität im Verfassungsrecht der Universitäten ist der Rostocker Cothmann. Sein „Responsorum juris et consultationum academicarum liber singularis" (Francof. 1613) wird neben Besoldus von allen Späteren zitiert. Auch bei ihm findet man nichts über Vorlesungen und Vorlesungshonorare. Sein Landsmann Matth. Stephani (Discursus vere academicus, Gryphisw. 1618) definiert bloss: „Sunt enim Professores, publici Doctores, qui salario publico in Regiis privilegiatis et suprema authoritate constitutis Scholis, quas Academias sive Universitates indigitamus, docent" — ohne auf ihre Thätigkeit etwa als Privatlehrer zu reflektieren. Sehr eingehend behandelt das Universitätsleben nach den verschiedensten Seiten hin Gisenius in seiner Vita

academica (P. I. II. Rintelii 1625. 28.). Aber der Collegia privata gedenkt er nicht, und was er über Privatunterricht an Universitäten erörtert, bezieht sich nur auf die sogen. Doctores privati der philosophischen Fakultät. Die Funktion der ordentlichen öffentlichen Professoren
begreift er nur als eine öffentliche, durch die statutarischen Vorschriften
gegebene. Sehr umfangreich ist auch Limnaeus' Buch de jure academiarum (Juris publici Imperii Romano-Germanici liber VIII. Argentor.
1634), ganz unwesentlich aber, was er darin cap. III. von den salariis
professorum sagt; auf die Vorlesungen selbst geht er gar nicht ein.
Ebensowenig thut das Lauterbach in seiner Disputatio de salariis (Tu-
bing. 1662), wo er von den Gehältern der Universitätslehrer spricht.
Hermes hat in seinem Fasciculus juris publici (Salisb. 1663) ein langes
Kapitel über die Universitäten, aber nichts darin über Collegia und
Kollegien-Honorare. Merkwürdigerweise übergeht auch Conring (Anti-
quitates academicae. 1655. 1674.) dieses Thema vollständig. Secken-
dorf betrachtet in seinem berühmten Buche „Teutscher Fürstenstaat"
(1670) die Verwaltung der Universitäten allerdings als eine Obliegenheit
des Staates, die daraus· entspringenden Amtspflichten der Lehrer leitet er
aber nicht ab. Schwimmer (Joh. Mich.) berührt unsere Frage in seinem
Tractatus politicus de academicis omnium facultatum professoribus (Jenae
1672), indem er (Diss. VII. Theor. V.) schreibt: „Est autem et horum
[scil. principum] dare Salaria docentibus, ut quando publicum bonum
curant etiam ex publico vivant . . ." Für diese ihre öffentlichen Vorlesungen (Diss. VIII. Theor. V. § 41 ff.) dürfe kein Honorar von den
Schülern gefordert werden, für private dagegen gebühre ein didactrum.
„Est autem δίδακτρον tale pretium, quod Docenti non salariato, vel ob
praesentem, quam dat, operam minimum non salariato, ex grata auditoris
mente et manu praebetur ob informationem." Schwimmer hat offenbar
die Jenaer Privatkollegia im Auge. Die Anschauung war also die: akademisches Lehramt und Gehalt entsprachen einander; wer mehr that, als
seine Amtspflicht forderte, und das Lehrgeschäft daneben als ein privates
Gewerbe betrieb, liess sich von den Schülern dafür bezahlen. Ernst
Gockel, Deliciae academicae (Aug. Vind. 1682) schreibt: (§ XLIII.)
„(Professorum) est docere & profiteri . . . docemus autem vel publice
vel privatim. Profitendi autem publice privatam authoritatem nemo
usurpare debet: poena alioqui infamia & urbe ejectio, sed hujusmodi
facultatem a superioribus acceptam habeat necesse est . . . ideoque male

faciunt, qui publicis lectionibus neglectis privata tantum collegia tractant. Privatim vero profiteri cuique licet." Das heisst also: zum Privatunterricht ist keine autoritas publica nötig, der ist Sache des Einzelnen; den öffentlichen Unterricht dagegen kennzeichnet der Lehrauftrag und die Lehrvorschrift. Hierfür — „pro operibus publicis" — heisst es in § LX müssen die Mittel d. h. salaria dargereicht werden. „Et leges civiles tradunt salaria & mercedes praeceptoribus esse solvenda, non quam minimas, sed pro facultate patrimonii & dignitate discentium & docentium."

Man sieht an diesem Beispiel, dass das Unwürdige ihrer Lage von den schlecht besoldeten Professoren wohl empfunden wurde, und kann sich denken, wie peinlich es Manchem sein mochte, mit Privatkollegs hinter den Studierenden herzulaufen, wo ihr Amt sie doch auf die öffentlichen Lektionen im Auditorium der Universität verwies, und sich dann auch noch häufig um das verdiente Honorar geprellt zu sehen. „Sumtus non necessarii pro gula, pro aqualiculo, pro vestimentorum luxu fiunt. Ubi ventum est ad $\delta i\delta\alpha\varkappa\tau\varrho o\nu$ solvendum pro privatis operis, discedunt multi a postico, nullam famae, nullam honestatis rationem aut grati animi habentes", klagt Kirchmaier in seiner Rede de morbis juventutis academicae (Witteberg 1678). Ihre Armut machte die Professoren verachtet. „In diesem Wienerischen, einigen so vieler Länder Catholischen Archilycaeo oder Ertz-Universität", schreibt Sorbait nach einem Zitat bei Gockel § XCVII, „vix non moritur justus & nemo cogitat, dann die Professores, welche das Hertz und Fundament der Universität sein, wegen ihrer geringen (darf nicht sagen, oft keiner) Belohnung, werden wenig oder gar nichts geachtet, obwoln sie sollten billich allen andern . . . . vorgezogen werden . . . quia illorum scientia & doctrina mundus illustratur."

Kurzum aus diesen und ähnlichen Bemerkungen, wie sie sich gelegentlich in den Intimationen von Privatvorlesungen, in den Prooemien von Lektionskatalogen, in den Begründungen von Honorarien-Verordnungen, die mit dem Jahre 1681 in Jena anheben, finden, besonders aber auch aus den die Vita und den Studiengang des Kandidaten schildernden Promotions-Programmen geht immer ganz unzweideutig hervor: die öffentlichen Lektionen sind der Universitätsunterricht $\varkappa\alpha\tau{'} \dot{\epsilon}\xi o\chi\dot{\eta}\nu$, die Privatkollegia eine ausseramtliche, allerdings mit der amtlichen verquickte Thätigkeit und Nebenbeschäftigung der Professoren. —

Kapitel 4

Überblick über die Honorargesetzgebung und Schluss.

Ich will hier die im vorigen Kapitel bei den einzelnen Universitäten gegebenen bezüglichen Nachweise zusammenfassen, um ein etwas anschaulicheres Bild von dem Gange der Honorargesetzgebung zu zeichnen.

Was zunächst die preussischen Universitäten betrifft, so sind hier wie anderwärts die betreffenden Verordnungen teils von den Universitäten und Fakultäten allein, teils vom Landesherrn, d. h. vom Staate, erlassen worden. Jenes war besonders im Anfange der Fall, so lange die Privatkollegia noch nicht als offizieller Universitätsunterricht anerkannt waren. Die erste auf einer preussischen Universität ergangene Honorarienordnung ist meines Wissens die Hallische vom 29. Juni 1720. Sie wird unterm 1. September 1732 erneuert und trägt da die Unterschrift: Decretum in Concilio academico et renovatum. E. H. Knorr, D. Synd. & Secret. Acad. Ihr Inhalt ist kurz folgender. Jeder, der ein collegium privatum oder privatissimum besucht, muss seinen Namen in das ihm von dem betreffenden Lehrer vorgelegte Buch einschreiben, wodurch er ohne alle Ausflüchte zur Zahlung des Honorars verbunden ist. Wer nicht bezahlt, wird durch richterliche Exekution dazu genötigt. Unvermögende Studierende sollen den Lehrer unter Beibringung von Zeugnissen über ihre Armut, ihren Fleiss und ihr anderweitiges gutes Verhalten um Erlassung des Honorars ansuchen, „da ihnen nach Befinden hierunter wird gratificiret werden". Von Stundung steht nichts geschrieben. Etwaige Klagen sind beim akademischen Gericht angebracht worden. Die Zwangsmassregeln werden wohl nach Jenaischem Muster in Sach- und Personalarrest bestanden haben.

Die erste königl.-preussische Verfügung in Sachen der Honorarien kam aus Berlin an die Universität zu Frankfurt unterm 29. März 1751. Sie involvierte also die offizielle Anerkennung der Privatkollegia. Übrigens scheint ihr das Jenaer Reglement von 1744 zu Grunde gelegen zu haben. Wir finden hier wie da die Zahlungsfrist auf das erste Vierteljahr bemessen, wir finden die Kommission für die Eintreibung der rückständigen Honorare und auch die Kommissionsgebühren, die nicht der

Gläubiger, sondern der Schuldner zu tragen hat, wir finden ferner die Schuldhaft im Karzer und bei Entwichenen die tabula ingratorum, jedoch nicht die Strafe der Relegation. Gerichtliche Verfolgung des Schuldners in patria ejus bleibt aber dem Professor überlassen.

Viel weitgehender war nun namentlich in diesem letzten Punkt der Allerhöchste Erlass von 1764, 16. November. Er ist ganz in modernem Sinne gehalten, er setzt die Bezahlung der Vorlesungen als Regel voraus, hebt den Erlass auf, führt die Stundung bis nach erfolgter Anstellung ein und übertrifft sogar die heutige Honorargesetzgebung darin, dass die Einziehung der gestundeten Honorare ohne richterliche Hülfe rein im Verwaltungswege erfolgt. Sein Hauptmangel ist nur, dass er sich bloss auf die Honorarien der evangelisch-theologischen Vorlesungen erstreckt.

Für die übrigen Fakultäten in Halle erliess der König das Honorarien-Reglement vom 26. Januar 1767, das im wesentlichen mit dem 1751 für die Universität Frankfurt ergangenen übereinstimmt. Hier wird keine Stundung der Kollegiengelder vorgesehen. Etwaiger Erlass an arme Studiosen steht bei dem betreffenden Dozenten. Gratuiti sind eo ipso die Verwandten des betreffenden Lehrers, die Söhne der Kollegen und der Hallischen Stadtprediger. Alle übrigen Studierenden aber verfallen als Restanten nach Beendigung des Kollegs der Exekution seitens des akademischen Gerichtes. Ist diese wegen Entweichens der Schuldner unmöglich, so tritt die tabula ingratorum zunächst als Mahnerin auf, die weitere Verfolgung übernimmt der König selbst, indem er verlangt, dass Namen und Vaterland der Honorarflüchtigen nach Hofe gemeldet werden.

Es verschlägt nun m. E. für den öffentlich-rechtlichen Charakter der Vorlesungshonorare wenig, dass der König die Bestimmung der Höhe des Honorars den Universitäten selbst überliess. Für ebenso nebensächlich halte ich es, dass jeder Lehrer die Honorare von den Zuhörern selbst einkassierte. Denn der König war weit davon entfernt, die Collegia selbst als eine Privatangelegenheit der Professoren zu betrachten, er machte vielmehr in allen seinen mir bekannten Reskripten, die er in Universitätsangelegenheiten erliess, gar keinen Unterschied mehr zwischen öffentlichen und privaten Vorlesungen, immer ist nur von den collegiis die Rede, in denen er offenbar den Universitätsunterricht überhaupt erblickte, und für eben diese collegia verlangt er die Honorarzahlung seitens der

Studierenden, damit, wie es im Erlass von 1764 hiess, die geringen Einkünfte der Professoren verbessert würden.

Dass der König gar keinen Unterschied zwischen sogenannten öffentlichen und privaten Vorlesungen kannte, geht besonders aus dem Visitationsbescheid für die Universität Halle vom 12. Dezember 1768 hervor, der von der Einteilung der Kollegien ohne alle Hervorhebung etwelcher, die eigentliche Amtsobliegenheit früher ausmachender „öffentlicher" Lektionen handelt.

Man darf sich, meine ich, auch nicht daran stossen, dass in dem Kredit-Reglement von 1759 für die Studierenden der Universität Halle, dessen Bestimmungen in das Allgemeine Landrecht übergingen, die Honorare mit Stubenmiete, Tischgeld, Arztlohn u. dgl. zusammen aufgeführt werden. Die Kreditgesetze sind vom Standpunkte der Studierenden aus zu betrachten, und da gehören die Kollegiengelder „ad necessarios studiosorum sumtus", wie das Hallenser Reglement von 1732 besagt, die demnach vor allen andern Schulden zu bezahlen seien. Ein freier Kontrakt zwischen Professoren und Studenten bestand nicht mehr, seitdem jene die zu honorierenden Vorlesungen von Staatswegen halten mussten und diesen überhaupt kein anderer als der von ihnen zu honorierende Universitätsunterricht von Staatswegen dargeboten wurde.

Was sich im 18. Jahrhundert unter stillschweigender Duldung, vielleicht auch Gutheissung der Unterrichtsverwaltung von selbst eingeführt hatte, findet seine erste gesetzliche Anerkennung in dem Organisations-Erlass für die Universität Halle vom 10. April 1804. Die Privatkollegia werden zum offiziellen Universitätsunterricht erhoben und die Übungen in die publica verwiesen. Seitdem hat sich Preussen zum System der Honorarvorlesungen bekannt.

In den Breslauer und Berliner Statuten von 1816 treten pflichtmässige Publika gar nicht mehr auf; schon das vorläufige Reglement für die Universität zu Berlin vom 24. November 1810 spricht in § 14 nur von Honorarvorlesungen. Erst von 1822 ab beginnt der Minister Altenstein die Publika wieder einzuführen, und die Bonner Statuten von 1827 nehmen die alte, jetzt aber völlig sinnwidrige Unterscheidung von öffentlichen und Privatvorlesungen wieder auf. Es geschah das mehr mit Rücksicht auf diejenigen Universitäten (Königsberg, Greifswald), wo die öffentlichen Vorlesungen noch blühten, wenigstens noch nicht abgeschafft waren, als infolge einer Erkenntnis von der sachlichen Notwendigkeit jener Duplizität.

Die Pränumeration der Kollegienhonorare zur Hälfte des Betrages wird in den Allgemeinen Gesetzen für die Preussischen Universitäten von 1796 vorgesehen. Die andere Hälfte soll nach dem Kreditgesetz von 1802 zu Johannis und Neujahr entrichtet werden. Hier wird auch die schon 1764 von Friedrich dem Grossen verordnete Stundung der theologischen Kollegiengelder allgemein eingeführt. Es ist aber ein Beweis für die vielfach bemerkte Zusammenhangslosigkeit der Preussischen Universitätsgesetzgebung, dass jetzt die Professoren wieder auf den Rechtsweg verwiesen werden, nachdem Friedrich der Grosse schon die Eintreibung der rückständigen gestundeten Honorare hatte im Verwaltungswege besorgen lassen.

Bis zum Anfang des 19. Jahrhunderts zahlten die Studenten die Honorare direkt in die Hand des Lehrers. Von Frankfurt a. O. ging im Jahre 1810 der Vorschlag zur Errichtung einer Universitäts-Quästur aus, die dann zuerst in Berlin, Breslau und Bonn zustande kam. Das Amt eines Quästors bestand in Halle schon von Anfang an für die Verwaltung des Universitätsfiskus; mit der Einziehung der Kollegiengelder war aber der Quästor nicht betraut. Insofern ist also die Quästur des 19. Jahrhunderts ein neues Institut. Die Preussischen Universitäten nahmen es nicht alle gleichzeitig an: Königsberg 1821, Halle erst 1845. Die auswärtigen Universitäten ahmten die Einrichtung nach, so Jena 1817, Marburg 1819, Giessen 1827, Kiel 1846 u. s. w.

Da die Sache bekannt ist, so ist es überflüssig sie hier weiter zu besprechen.

Eine allgemeine Honorartaxe ist in Preussen niemals bisher festgesetzt worden. Frankfurt soll (nach Hausen, Gesch. der Univ. Frankfurt) eine gesetzliche Taxe gehabt haben. In Königsberg wurde eine solche 1831, in Münster 1832 eingeführt, an beiden Orten mit einem Thaler für die Wochenstunde; in Bonn durch Ministerial-Reskript vom 4. März 1819 mit verschiedenen Sätzen je nach der Wochenstundenzahl. Es kann auch gar keinem Zweifel unterliegen, dass der Staat auf dem Gebiete der Honorargesetzgebung völlig souverän ist, er kann die Honorare tarifieren, er kann sie auch wieder abschaffen, da er sie selber erst offiziell eingeführt hat. Dass Friedrich der Grosse für die Honorare keine Taxe festsetzte, könnte nur dann auffällig erscheinen, wenn es sich in seinen Honorarienordnungen überhaupt um die Einführung von etwas Neuem gehandelt hätte. So aber waren die Privatkollegien inoffiziell längst im Schwange, und es hatte sich schon längst ein gewisser Honorarsatz als Norm eingebürgert, den der König wohl kannte und in seinen Verordnungen voraussetzte, an dem er auch nichts zu ändern fand; spricht er doch im Erlass von 1767 ausdrücklich von den „ohnehin so wenig kostenden Collegiis". Es ist also rein zufällig und keineswegs ein Anerkenntnis eines vermeintlichen Privatrechts der Professoren, dass im vorigen Jahrhundert, wo die bezahlten Privatkollegia sich als eigentlichen Universitätsunterricht einführten, in Preussen keine Honorartaxe aufgestellt wurde. Vielleicht auch waren die Verhältnisse an den vier weit auseinanderliegenden Landesuniversitäten reformierten und protestantischen Bekenntnisses zu verschieden, um eine solche gemeinsame Ordnung zu gestatten. Erst in den Statuten von Breslau und Berlin (1816) wird die Bestimmung des Honorars, sowie der Erlass derselben der Liberalität des einzelnen Lehrers „in der Regel" überlassen; es war das eigentlich ein historischer Irrtum und wohl nur eine Nachahmung der in dem aristokratischen Göttingen geübten Konnivenz gegen die Hofräte und Professoren.

In andern Staaten hat man, sobald die Privatkollegia anerkannter Universitätsunterricht wurden, keinen Eingriff in die akademische Lehrfreiheit darin gefunden und kein Bedenken getragen, Honorartaxen von Staatswegen einzuführen. In Kiel z. B. wird schon 1707 das Honorar für die theologischen Kollegia auf 2 Rthlr. für das Semester normiert. In Giessen setzt eine landgräfliche Verordnung vom 22. Februar 1720 den Juristen eine Taxe: ein Collegium Institutionum soll 3—4 Thaler, auf ³/₄ Jahr berechnet, kosten; ebenso viel ein Collegium Juris feudalis et publici; Pandekten aber, die 1 bis 1¹/₂ Jahr dauerten, 6 bis 8 Thaler. Hundert Jahre später erscheint eine allgemeine Tarifierung der Privatkollegia,*) die offenbar nach bayerischem Muster gearbeitet ist. Kollegia von 2—3 Wochenstunden sollen halbjährlich mit 6 fl., 4—6stündige mit 9 fl., 7—9stündige mit 12 fl., darüber hinaus mit 20 fl. honoriert werden.

---

*) Disziplinargesetze und Statuten der Grossherzogl. Hess. Universität Giessen vom 21. Mai 1808. Neue Ausgabe 1827. S. Archiv der Grossherzogl. Hess. Gesetze und Verordnungen. Bd. 1. Darmstadt 1834. 8. S. 207 ff.

In Trier setzen die „Churfürstl. Ordinata Vor die Universität zu
Trier de anno 1722" sogar schon Taxen der Kollegienhonorare fest, als
die Lectiones publicae noch ordnungsmässiger Universitätsunterricht waren,
für welche „jeder mit der ihme gnädigst zugelegter jährlicher Besoldung
sich begnügen lassen und von denen Auditoribus im geringsten nichts
fordern" solle. Dagegen solle den Professoren freistehen, „über die
des Morgens gehaltene Lection und tradirte Materien dess Nachmittags
in seiner Behausung oder sonsten aussersehenden bequämlichen Orth
Privata Collegia anzustellen und solche darin widerhohlter zu expliciren."
Die Lectiones waren vierstündig, für die Collegia ist also dasselbe anzunehmen. Als Honorar bestimmt der Kurfürst dem Professor Institutionum,
dessen Kursus halbjährig war, 3 Rthlr., dem Professor Digest. & Cod.
und dem Professor Jur. publ. & Histor. 6 Rthlr. für das Jahreskolleg,
dem Professor Jur. Can. aber 5. Diese Honorare sollen von jedem Zuhörer unfehlbarlich entrichtet werden, „oder aber der Auditor darzu
durch vorkehrende genugsahme zureichige Zwangs-Mitteln angestrengt
werden."

Auch in Mainz ist 1746, als Erzbischof Johann Friedrich Carl eine
Restaurierung dieser seit länger als einem Jahrhundert eingeschlafenen
Universität versuchte, zugleich mit der Einführung der Privatkollegia eine
Honorartaxe aufgestellt worden.*)

In Tübingen nimmt Herzog Karl mit dem Visitationsrezess von
1744 neben den öffentlichen Vorlesungen auch Rücksicht auf die Privatkollegia, findet die bis dahin üblichen Honorare nicht übermässig und
fixiert nur den Preis für das grosse, täglich zweistündige Pandekten-
kollegium mit 18—20 fl. aufs Jahr. Bald darauf indes, nämlich in den
neuen Universitätsstatuten von 1752, wird ein allgemeiner Tarif für alle
vier Fakultäten aufgestellt, der bis 1796 gültig war. Alsdann führte der
Herzog durch Reskript vom 11. März eine neue Taxe ein: 4—5 Gulden
für tägliche theologische und philosophische, 10 Gulden für juristische
und medizinische Vorlesungen. Diese Taxe ward der Neuzeit entsprechend wiederum abgeändert durch königliche Entschliessung vom
31. März 1874. Man ersieht hieraus, dass in Württemberg die Ordnung
des Honorarwesens von dem Zeitpunkt an, wo die sogenannten Privat-

---

*) Tit. VI. § 7 der Privilegia et ordinata universitatis Moguntinae.

kollegia in den Universitätsunterricht einrückten, ganz allein in der Hand der Staatsregierung lag.

In Greifswald wird zuerst durch Visitationsrezess vom 11. Mai 1775 den Professoren die Haltung von zwei Privatkollegs neben dem bisher allein pflichtmässigen einen Publikum zur Pflicht gemacht, zugleich aber auch die Honorartaxe mit 3 Reichsthalern für die einfachen, mit 6 für die Doppelvorlesungen eingeführt. Dies scheint aber unter der Preussischen Verwaltung in Vergessenheit geraten zu sein.

In Heidelberg nimmt das Organisationsedikt des Kurfürsten Karl Theodor vom 13. Mai 1803 die bisherigen Privatkollegia als ordentliche Vorlesungen an und taxiert sie, die theologischen und philosophischen mit 3—5 Gulden, die juristischen und medizinischen mit ebenso vielen Thalern.

In Bayern ist man ebenfalls, sobald man sich zum System der bezahlbaren Vorlesungen bekannte, von Staatswegen sofort auch an die gesetzliche Fixierung der Honorarien gegangen. Ja schon vorher hat der Landesherr der Sache seine Aufmerksamkeit geschenkt. Schon 1562 will Pfalzgraf Albert, dass nur ein mässiges und gerechtes Honorar in Ingolstadt genommen werde, „ne studiosi nummis nimium exuantur". 1654 verfügt Maria Anna an die juristische Fakultät, dass die Armen zu den „privata exercitia, so man collegia nennt", gratis zuzulassen, die Reichen aber nicht zu übernehmen seien. 1772 setzt Maximilian Joseph auf Grund bisheriger Observanz für die juristischen Kollegien die Taxe fest.

Nicht bloss in Ingolstadt, sondern auch in Würzburg scheinen es noch im 18. Jahrhundert vorzugsweise die Juristen gewesen zu sein, die Privatkollegia gehalten haben. Eine fürstbischöfliche Verordnung von 1719 befasst sich zum ersten Male mit der Bezahlung der juristischen Collegia: die Zuhörer sollen sich bei Beginn des Studiums unterschreiben und die Honorare in zwei Vierteljahrsraten vorausbezahlen. 1788 verfügt Bischof Franz Ludwig die Vorausbezahlung innerhalb der ersten acht Tage. Zur allgemeinen Einführung des Honorars für alle Vorlesungen kam es aber erst 1803, als Würzburg an Bayern gefallen war. Es wird Pränumeration an den Lehrer gegen Belegschein verordnet und Unterschreibung auf dem Anmeldezettel. Wer binnen sechs Wochen, nachdem er unterschrieben hat, nicht bezahlt, wird durch eine besondere Kommission dazu angehalten werden. Unbemittelte sollen auf Grund obrigkeitlicher Zeugnisse freien Unterricht erhalten, ebenso wie alle Stipendiaten. Als notwendige Ergänzung dieser Organisationsakte gab Kurfürst Maximilian Joseph 1805 die Honorartaxe, die ein tägliches Kolleg mit 9 fl., ein Doppelkolleg mit 15 fl., ein Kolleg von geringerer Stundenzahl mit 5 fl. bewertet.

Gleichzeitig mit der Übernahme und Neuordnung der Universität Würzburg erfolgte auch durch Kurfürstliche Entschliessung vom 26. Januar 1804*) eine neue Organisation der Universität in Landshut, wohin die alte Baiern-Universität seit 1800 von Ingolstadt gekommen war. Landshut erhielt darin dieselbe Verfassung wie die Universität Würzburg, und nachdem 1810 auch Erlangen an die Krone Bayern gefallen war, wurde seitdem die Universitätsgesetzgebung in Bayern ganz einheitlich und konsequent durchgeführt. Jene Entschliessung von 1804 bekennt sich also auch für Landshut zu dem einen System der Honorarvorlesungen. Es heisst im Abschnitt IV. Verfassung § 14 unter e), nachdem vorher von den Gehältern der Professoren die Rede war:

„Damit den Professoren zugleich Gelegenheit verschafft werde, auch noch durch andere Quellen ihren Wohlstand zu verbessern, so wird denselben nach dem Beispiele anderer Universitäten [Göttingen, Jena?] der Bezug mässiger Honorarien, so wie solche in den Statuten verzeichnet sind, bewilligt, dagegen sollen alle andern Gebühren [!], ausser den gleichfalls in den Statuten bestimmten, in Zukunft aufhören."

Die Honorarien werden hier also ganz richtig als Gebühren angesehen. In den revidierten Satzungen für die Studierenden an den Hochschulen des Königreichs Bayern vom 26. Nov. 1827 ist nach preussischem Muster der Quästor vorgesehen, dem die Einziehung dieser Gebühren obliegt. Nach § 25 muss jeder Student bei der Inskription auf die Vorlesungen das Honorar an das Universitätsquästorat oder -Sekretariat vorausbezahlen. Die Professoren sind verpflichtet sogleich nach Schluss der Inskriptionen die Listen ihrer Zuhörer mit genauer Angabe derjenigen, denen sie das Honorar erlassen haben, an den Quästor oder Sekretär abzuliefern. Letztere sind verbunden, gegen die Restanten zur rechten Zeit einzuschreiten und spätestens bis in der Mitte des Semesters die rückständigen Honorare von Amtswegen beizutreiben. Sind die zu

---

*) Vgl. G. Döllinger, Sammlung der im Geb. d. innern StaatsVerwaltung d. Königr. Bayern besteh. Verordnungen . . . Bd. 9 Abt. IX. München 1838. 4.

jener Beitreibung angewandten Zwangsmittel unwirksam geblieben, so soll den Zahlungssäumigen das Schlusszeugnis und die Zulassung zur Staatsprüfung verweigert werden. Gerichtliche Klage findet also nicht statt.

In den Vorschriften über Studien und Disziplin für die Studierenden an den Hochschulen des Königreichs Bayern vom 18. Mai 1835*) ist besonders wichtig: Titel IX. Verzeichnis der von den Studierenden zu entrichtenden Gebühren. Als solche werden nebeneinandergestellt: A. Honorarien, B. Gebühren für die akademischen Grade, C. Andere Gebühren für Immatrikulation, Schlusszeugnisse, Studien- und Sittenzeugnisse.

Die Honorartaxe ist im wesentlichen die alte. Ein einstündiges tägliches Kolleg kostet 9 fl. Ist damit ein regelmässiges Elaboratorium verbunden, so beträgt der Preis 14 fl. Für ein Kolleg, das öfter als eine Stunde täglich gelesen wird, erhöht sich der Preis nach Verhältnis der Mehrstunden; ebenso vermindert sich das einfache Honorar von 9 fl. für Vorlesungen, die nicht täglich gehalten werden. Bei Vorlesungen, die mit besonderen Auslagen verbunden sind, als bei der Anatomie, bei chemischen Versuchen etc., ist hierfür eine mässige Zulage zu entrichten.

So kannte man also in Bayern während der ersten Hälfte dieses Jahrhunderts nur eine Art von Vorlesungen. Erst 1849 thut man (ob in Folge der Jenaer Hochschulkonferenz von 1848?) wieder den Rückschritt zur alten Einteilung in Collegia publica und privata, indem man jedem ordentlichen Professor auferlegt, alle Jahre wenigstens ein sogenanntes Publicum zu lesen.

Als die eigentlichen Hauptvorlesungen gelten aber die sogenannten „privaten" mit der kurfürstlichen Honorartaxe von 1805. Daran ist in der Neuzeit nur das geändert, dass die Umrechnung der Guldenwährung in die Markwährung stattgefunden hat und demnach jede Wochenstunde mit vier Mark tarifiert worden ist. Dass inzwischen nach Preussischem Muster auch eine Quästur eingerichtet wurde, sei nebenbei bemerkt.

Nur noch ein paar Worte über Jena und Göttingen.

In Jena ist wohl, entsprechend der dort von Alters her nicht bloss den Studenten, sondern auch den Lehrern gewährten akademischen Freiheit, das System der Privatkollegia zuerst ganz allgemein in Übung gekommen, und demnach ist auch dort meines Wissens zuerst die Honorarzahlung in einer für viele Universitäten mustergültigen Weise geregelt worden, allerdings unter Mitwirkung und Geneh-

---

*) S. Döllinger a. a. O.

migung der hohen Erhalter, aber doch im wesentlichen selbständig von Seiten der Universität. Ich will hier nicht wiederholen, was ich darüber unter Jena S. 50 u. f. bereits gesagt habe, sondern nur hervorheben, dass die geringen Einkünfte der Universität die Professoren ganz besonders auf den Weg der Privatvorlesungen gedrängt haben. In der S. 51 erwähnten Honorarienordnung von 1744 heisst es ausdrücklich, dass die Dozenten ohne die Vorlesungsgelder „allhier nicht subsistieren können." Eine Taxe für die Honorare ist von Aufsichtswegen nie erlassen worden.

Für Göttingen haben wir die Anschauung Münchhausens über das Honorarwesen kennen gelernt; er mischte sich grundsätzlich nicht hinein, so lange nicht die Ehre der Universität dabei in Frage käme. Und dieser Fall ist eben nicht eingetreten. Die ganze Göttinger Honorargesetzgebung geht auf in die Kredit-Regulierung für die Studierenden; den Professoren sind im Grossen und Ganzen keine Vorschriften gemacht worden.

Ohne Zweifel ist die in Göttingen von Seiten der Regierung den Professoren bewiesene Konnivenz, zumal sie ihren wirksamsten Fürsprech in Michaelis*) gefunden hatte, von Einfluss gewesen auf die ganze Behandlung der Honorarfrage im 19. Jahrhundert.

Verfolgt man so im Einzelnen die Geschichte der Universitäten in den Urkunden des 17. und 18. Jahrhunderts, so stöhnt es Einem förmlich entgegen: Mehr Freiheit und mehr Geld! Mehr Freiheit von der statutarischen Gebundenheit der Vorlesungen und mehr Geld zur Bezahlung der Lehrer. An Beidem fehlte es, und beides errangen sich die Professoren auf dem Wege der Privatkollegia. Daher konnte Michaelis*) schreiben: „Es war vielleicht anfangs Missbrauch, Eigennutz, Versäumung der eigentlichen Pflicht und gewinnsüchtige Unterlassung des aufgetragenen Publici, der die Privata so zur Hauptbeschäftigung der Professoren machte: aber es sey gewesen, was es wolle, so ist es der glücklichste Zufall, der die allgemeinste Triebfeder der menschlichen Handlungen, den Eigennutz in Bewegung setzte und dadurch Professores begierig machte alles zu leisten, was sie können, weit mehr als vorhin eingefallen war von ihnen zu fordern ... Selbst der Universitätskasse ist die Bezahlung der Collegien keine geringe Hülfe: denn wäre sie nicht, so müssten entweder doppelt oder dreifach so viel Salaria angewandt werden, um eben so ge-

---

*) Räsonnement über die protestantischen Universitäten. 1768 f.
**) a. a. O. III, 271.

lehrte und berühmte Männer zu erhalten oder die Universitäten müssten mit schlechteren und wenigeren Lehrern zufrieden· sein . . . Das erstere, die Vergrösserung der Salarien, würden wohl wenige Universitätskassen tragen können und selbst den meisten Landesherrlichen möchte sie zur Last fallen.“

Heute muss der Schluss anders lauten. Lehrfreiheit gewährt der Staat den Universitäten, so lange sie sich selbst etwas von ihm gewähren lassen und sein Bestehen nicht in Frage ziehen; er denkt auch nicht daran, den Fehler früherer Jahrhunderte zu wiederholen und den einzelnen Wissenschaften eine Normalstundenzahl vorzuschreiben, wenn er auch von den Lehrern ein Minimum an Unterrichtsstunden erwarten darf. Geld aber hat der Staat, um seine Beamten, die Professoren, angemessen zu besolden, kann er sich auch noch verschaffen, wenn er, was recht und billig, die Honorare unter anderm Namen als Studiengeld selbst erhebt. An den Eigennutz aber hat er Gott Lob! bei deutschen Beamten und Lehrern zu appellieren nicht nötig; er rechnet mit ihrem Pflichtgefühl und ihrem Idealismus, und wenn er nicht Raubbau damit treibt, sondern pro dignitate docentium & discentium thut, was seine Schuldigkeit ist, so fährt er am besten dabei — und auch die Universitäten.

Hauss- und Tisch-Leges,

Welche

Zu allerseits Nutzen und Besten von denen Herren Studiosis zu beobachten, welche das Studium Mathematum zu absolviren sich zu Mir auf heraus gegebenes Patent begeben wollen.*)

I.

Hat ein Jeder zuförderst Anstalt zu machen, dass Er des gesambten Pretii von 120 Rthlrn pro Informatione, Tisch-Geld, Stube, Bette und Einheitzen alles auf 1. Jahr und über Haubt gerechnet, bey der Hand haben und richtig zahlen könne.

II.

Ist der dritte Theil des Pretii nehmlich 40. Rthlr beym Antritte, die übrige zwey Drittheile aber sind auf die nechstfolgenden 2. Leipziger Messen, auf iede Messe Ein Drittheil voraus zu zahlen, und dieses alles zwar, wenn Ihrer Zwey sich auf einer Stuben und Einer Cammer, iedoch, dass ein Jeder sein eigen Bett habe, behelffen wollen; Solte aber Einer oder der Anderer Eine Stube und Cammer alleine inne haben wollen, derselbe hat das Jahr 12. Rthlr und also ieden Termin 4. Rthlr mehr zu zahlen.

III.

Sollten diese Leges beym Antritte von Mir und dem antretenden

---

*) Von Prof. Math. Jobus Ludolff in Erfurt um 1697. Es findet sich dieses undatierte DruckExemplar in einem Sammelbande Erfurter UniversitätsProgramme der Ministerial-Bibliothek zu Erfurt (sign. K XXXVI) neben der Intimation der Ludolff'schen Vorlesungen von 1697. Das betr. Patent besitze ich auch, muss aber auf die Wiedergabe hier verzichten, so interessant es auch ist für die Kennzeichnung der Privatkollegia.

Herrn Studioso unterschrieben werden, und durch diese Unterschrift beyde Theile diese Leges zu halten und praestanda zu praestiren obligat und verbunden seyn.

IV.

Soll der Tisch-Compagnie zum Besten ein Fiscus aufgerichtet und von denen Herren Studiosis Einer üm den andern im Circul herum, wie dieselben Einer nach dem andern an den Tisch getreten, 14. Tage lang Fiscal seyn, und bey seinem Abtritte des Donnerstags nach dem Abend-Essen die Specification der gefallenen und erhobenen Straffen übergeben, und solche von der Tisch-Compagnie justificiren lassen.

V.

Wenn ein Fiscal die erhobenen Straffen anderwerts angewendet hätte, und nicht alsofort erlegen könte, damit solche der Hospes von Ihme in Empfang nehme, soll Er auf die nechstfolgende Leipziger Messe duppelt soviel zu erlegen schuldig seyn.

VI.

Weiln beyderseits daran gelegen, dass die Mathesis täglich 4. Stunden und richtig getrieben werde, als sollen sich die Herren Studiosi des Morgens und Abends praecisè 6. Uhr und ehe der in der Nähe liegende Zeiger Wipperti ausschlägt, einstellen, bey Straffe 6. Pfennige, welche aber noch längsamer kommen, die sollen vor iede ausgeloffene Viertel Stunde auch so viel zahlen, es sey denn, dass sie wegen Unbässlichkeit excusiret wären.

VII.

Des unnöthigen Abtretens von wehrender Zweystündiger Lection hat sich ein Jeder zu enthalten, oder aber auf Erkäntnüss der Tisch-Compagnie eine willkührliche Straffe zu erlegen.

VIII.

So bald bemelter Seiger Wipperti Glock 12. Uhr in der Wochen und Glock 11. und Abends Glock 6. auf denen Sonn- und Feyer-Tagen ausschlägt, soll das Gebeth vor Tische stehend geschehen, und hernach ein Jeder nach seinem Range, welchen Er auf der Universität als ein Studiosus oder graduirter hat, sich setzen, modestè dabey verhalten, und absonderlich dem Lectori, welcher so bald nach dem Niedersetzen die Nouvellen, welche der Hospes auf seine Kosten halten wird, und nebst denselben andere nützliche Historico-Politica wenigstens eine halbe Stunde lang in der Stille Audienz geben, hernach aber und die übrige Tisch-Zeit über sein Sentiment, wenn und wie sich es am füglichsten schicken wird, zu allerseits Vergnügen von sich stellen.

IX.

Der abgegangene Fiscal soll allezeit Lector seyn, und sich Eine Viertel-Stunde eher zu Tische einfinden, damit Er der Ersten und vor ihn absonderlich angerichteten Speise geniessen könne, von denen andern Speisen aber soll vor demselben etwas auf- und warm behalten werden, damit Er derselben, wenn Er Eine halbe Stunde gelesen, die übrige halbe Stunde über auch geniessen könne.

X.

Wer längsamer als bemelter Seiger 12. und auf die Sonn- und Feyer-Tage 11. und 6. ausschlägt, zu Tische kombt, soll 1. Groschen Straffe erlegen, und im übrigen an den versäumten Speisen gemarschet seyn.

XI.

Wer obscoena vorbringt, und sich anderweit ärgerlich bezeiget, soll auff Anbringen des Fiscals von der Tisch-Compagnie per majora in eine willkührliche Geld-Straffe condemniret werden.

XII.

So bald der Zeiger Eins schlägt, soll das Tisch-Gebett wiederumb stehend geschehen, und ein jeder nach seinem Akademischen Range seinen Abtritt nehmen, wer darwieder handelt soll 1. Gr. Straffe erlegen.

XIII.

Weilen das nächtliche Ausgehen meistentheils gross Unheil bringet, als soll das Hauss glock 9. von Michaelis an biss Phil. Jac. und mittler Zeit eine halbe Stunde längsamer geschlossen seyn, diejenigen aber, welche längsamer eingelassen seyn wollen, sollen von jeder vierdtel Stunde 6. pf. Straffe erlegen.

XIV.

Ein jeder von denen Hn. Studiosis hat sich mit seiner Stube zu contentiren und seines Thuens zu warten, und sich der Wohn- und Ge-sinde-Stuben auch der Küchen, und anderer Oerter im Hause, dahin er nicht zu gehen und zu stehen hat, zu enthalten, bey Straffe 3. Groschen.

XV.

Damit auch ein jeder von denen Herrn Studiosis keines Famuli oder Jungens nöthig habe, und indeme was er auswerts etwann beym Schneider, Schuster, Buchdrucker und Binder, Nähderin, Wäscherin, bey der Post etc. auszurichten hat, sonder incommodität des Hospitis und seiner Haussgenossen, bedienet werden könne, so soll ein verschlossen und mit einer Spalte versehen Kästlein im Hausse assigniret werden, in welches ein jeder Vormittage vor 9. Uhren, und Nachmittage vor 3. Uhren ein Zettlein zu stecken hat, auf welchem vermittelst Unterschreibung seines Nahmens kürtzlich zu ersehen, was und bey wem er es aus zurichten habe; Solte aber innerhalb Hausses sonst etwas desideriret werden, kan solches denen im Haus-Aeren etwan zugegen-seyenden Haussgenossen angedeutet werden, und da keine zugegen wären, sollen dieselben auf anklopfen an der Hauss-Thür herbey kommen.

XVI.

Da ja Einer oder der Andere einen Famulum oder Jungen halten wolte, hat er vor denselbigen zustehen, dass er eben so wohl als die Herrn Studiosi und bey eben der Straffe dem 13den und 14den Articul nachkomme.

XVII.

Alles was der Fiscal wieder einen oder den andern hat, soll er täglich nach gendigter Abend-Mahlzeit und Tisch-Gebett der Tisch-Compagnie vortragen, und die Straffen andictiren lassen, da er aber eines oder des andern schonen würde, soll er selbsten in dieselbe Straffe verallen seyn.

XIIX.

Welcher in eine oder andere Straffe verfallen, soll dieselbe innerhalb 24. Stunden erlegen, oder aber auf die nächste Leipziger Messe duppelt so viel zu erlegen schuldig seyn.

XIX.

Das Geld, welches in dem Fisco einkombt, soll auf eine und andere nützliche Spatzier-Reyse, etwan die benachtbarten Städte, Schlösser, Gärten, Bibliothequen und Kunst-Werke zu besehen, angewendet, und die Resolution zu diesem oder jenem von der gesambten Tisch-Compagnie per majora gefasset und ein Oeconomus darzu per sortem oder per majora, wie solches per majora belieblich seyn wird, eligiret werden, welcher mit dem Hospite zu communiciren hat, wie eines und das andere am besten an zuordnen.

XX.

Solten einige von denen Herrn Studiosis belieben, nach verfliessung eines Jahrs und vollendetem Cursu Mathematum meines Hauses und Tisches ferner zu geniessen, denselben soll es unversaget seyn, und zwar dass einer nicht mehr als vor den Tisch wochentlich 1. Rthlr. unn vor Stube, Bette, Einheitzen, Bettemachen und dergleichen Aufwartung 15. Reichsthaler, wofern er einen Stuben-Gesellen leiden wird, zu zahlen habe, und im Hause die Lectiones Mathematum nach belieben auch frey und ungebunden, das ist ohne Straffe, auch ohne fernern Entgeld besuchen könne, im übrigen aber an die andern Hauss- und Tisch-Leges gebunden seyn müsse.

Beilage B.

Erster regelmässiger Jenaer Lektionskatalog für das Winterhalbjahr 1591/2.

Folio - Patent.

Rector academiae Jenensis, Samuel Fischerus, S. S. Theologiae Doctor et Professor, pietatis et sapientiae studiosis S. D.

Xenophon, quem propter elocutionis suavitatem apim Atticam Sapiens vetustas appellavit, Cyrum Persarum Regem eò etiam commendat nomine: quod ministris suis non generalia mandata, sed singulis singula, procuranda atq₃ expedienda proposuerit. Qua insigni prudentia & justicia suum cuiq₃ etiam laborem tribuente, faciliorem sibi, universam & alias laboriosissimam administrationem reddidit, & utilitatem fructuumq₃ variorum amoenissimos fonticulos in Aulae & subditorum suorum agros aperuit. Non minori certè laude & celebratione digna est, Illustrissimorum & religiosissimorum Dominorum ac Principum, Ducum Saxoniae &c. Vinariensium & Coburgensium, Dominorum nostrorum Clementissimorum, summa prudentia & excellens justitia: qua non modo, in aularum suarum gubernatione, sed in hujus potissimum inclytae Academiae constitutione & conservatione utuntur. Vniuscuiusq₃ enim Facultatis & Professionis Doctoribus singulis suas operas convenientissimo ordine distributas & autoritate statutorum ad discentium profectus accommodatas, in specie denominari & demandari; singulisq₃ semestribus cives nostros de his certiores fieri publicè, clementissimè nobis injunxerunt. Qua debemus ergo fide, qua possumus benevolentia, Salanae nostrae studiosos hortamur singulos & universos; ut prudentissimam hanc & justissimam, Academiae οἰκιστῶν, planeq₃ paternam curam grata humilimaq₃ mente amplectentes, suo ne desint ipsi officio. Idq₃ faciant, non tam Principum tantorum, quorum majoribus purior Evangelij Lux ut primùm in universa Europa affulsit, Ita pura & incorrupta, Dei beneficio, in Academia, Ecclesiis & Scholis eorum sonat splendetq₃ indies luculentius, Illustrissima autoritate; quàm suis etiam adducti commodis. Etenim limpidissimos semperq₃ scaturientes Psal. 65. 68. Israelis, sapientiaeq₃ civilis, Medicae & Philosophicae, qua in hac vita nihil augustius, nihil praeclarius, fonticulos, Syr. 24. Sap: 9, hoc pacto, ad sese derivari: viva fluenta, de corporibus suis. Joh. 7. promanare: & rivulos in flumina & lacus amplissimos Ecclesiae & Reipublicae agros, suavissime & saluberrimè irrigantes excrescere, Syr. 24. reipsa experientur. Certè occasione oblata, qui non utuntur, ingrati sunt Deo, qui eam obtulit: ut gravissimè à Demosthene dicitur. Nos fidem & assiduitatem nostram cum paterna benevolentia conjunctam vobis offerimus & pollicemur: Incrementum Deus det. 1. Cor. 3. ὑπὲρ τῆς εὐδοκίας Phil. 2. B. V. P. P. 30. Augusti anno 1591.

Designatio lectionum

publicarum pro semestri hyberno.

Theologicae.

Doctor *Samuel Fischerus*, absoluto Evangelii Johannis quarto capite, quod paucis horis futurum est; ad Quinti & reliquorum capitum enarrationem, diebus Lunae, Martis & Jovis, hora prima, accedet.

Doctor *Georgius Mylius* Professor primarius, priore biduo tractatum de praedestinatione ex Rom: nono, decimo & undecimo capp. Posteriore Confessionis Augustanae aliquot articulos hora 9. expediet.

Doctor *Ambrosius Reudenius*, hora quarta prioribus diebus hebdomadis hactenus explicavit Examen Theologicum D. Philippi, deinceps, ubi vel temporis ratio, vel auditorum utilitas postulaverit, aliud quippiam propositurus. Posterioribus verò in interpretando & explanando Hebraico Psalterio progredietur.

M. *Christophorus Hammerus*, Genesin Hebraeam absolvet hora 7. diebus Jovis & Veneris.

Juridicae.

Doctor *Johannes Stromerus* Ordinarius aggredietur explicationem T. Decernimus in libro secundo Decretalium de Judiciis: Extra ordinem verò perget in L. cum mora C. de transact. hora nona.

Doct. *Nicolaus Reusnerus*, Collegii Juridici Senior, de Testamentis minus solennibus, deq; vitiis Testamentorum tractatum absolvet: adjuncturus praeterea materiam de accessionibus contractuum, ex Tit. D. & C. de usur. & fructibus. hora VIII.

Doct. *Daniel Eulenbeck* versatus in ordine praescripto hactenus progredietur in L. 2. C. de Rescind. vend. & his quae illis cohaerent hora IV.

Doct. *Virgilius*

Doct. *Jacobus Flacch* versatur in continuatione Method. medendi generalis: & absolutis praeceptis de compositione medicamentorum, dispensatorii explicationem aggredietur. hora III.

Doct. *Philippus Jacobus Schroter* Explicationi librorum de differentiis & causis morborum & Symptomatum subjunget post ferias vindemiales explicationem librorum Galeni de locis affectis hora VIII.

Doct. *Antonius Varus* versatur in explicatione lib. Hipp. περὶ τέχνης: quo absoluto post ferias vindemiarum progredietur ad Galeni librum de Temperamentis. hora I.

Philosophicae, quo ordine in statutis continentur.

M. *Wolfgangus Heider*, Dialectica Philippi pertexet; in Ethicis ejusdem perget. hora II.

M. *Laurentius Rhodomannus*, ubi advenerit, Graecorum Oratorum & Poetarum interpretationem suscipiet.

Doct. *Zacharias Brendel* Collegii philosophici Senior, quod reliquum est, in libro tertio Physicorum Philippi progymnasmatum, interpretabitur librum de anima eiusdem autoris, deinceps subjuncturus hora III.

Doct. *Antonius Varus* brevi ad finem perducet librum 2. Aristotelis de anima: inde tertii interpretationem aggredietur. hora I.

Doct. *Jacobus Welsen* M. Tullii Ciceronis Brutum de Oratore perfecto explanabit hora XII.

M. *Georgius Limnaeus* aggredietur explicationem Arithmeticae Gemmae Frisii & adjunget tractatum de tempore, hora VIII.

Licent: *Elias Reusnerus* alternis vicibus interpretabitur Joannis Sleidani libellum de quatuor summis Imperiis; & Isocratis Evagoram; qua oratione absoluta, progredietur ad explicationem Aeneidos Virgilianae. Hora XII.

M. *Christophorus*

Doct. Virgilius Pinggitzer, in tractatu criminali, inchoabit materiam de parricidiis & homicidiis, caetera in eo quae restant suo tempore adjuncturus. hora II.

Doct. Liberius Hofmann aggreditur explicationem libri quarti Institutionum Imperialium: hora I. Simul etiam in disputatorio Collegio publico Pandectarum ad secundam partem Digesti veteris: Singulis Septimanis singulas disputationes habiturus.

Doct. Jacobus Welsen, materiam haereditatum & successionum tam ex Testamento quam ab intestato proponet, ex libro II. & III. Institutionum, hora XII.

Medicae.

Doctor Joannes Schroter Medicae facultatis Senior Professor primarius atq; emeritus, regulas practicas & remedia morborum, una cum modis curandi, juxta Hipp. doctrinam, domi suae discipulis continuabit.

M. Christophorus Hammerus Hora VII. diebus Lunae, Martis, & Jovis, perget in explicatione Grammatices Hebraeae D. Avenarii. Horis succisivis pertexet alteram Collationis linguarum Orientalium partem.

M. Johannes Zolner explicationem Epistolarum M. Caelii & Phocylidaei carminis pertexet.

M. Ortolphus Foman Explicationi Eunuchi Colophonem imponet, & Prosodiae praecepta explanabit hora I.

Praeter disputationes & declamationes aliasq; exercitationes publicas, singulis septimanis à Collegio Pandectarum publico nuper instituto, singulae disputationes Juridicae, singulisq3 mensibus declamationes aut consultationes Actionesve forenses proponentur, ex formula praescripta, Deo Opt. Max. benè fortunante.

JENAE
Typis Tobiae Steinmanni.

Jena. Tabula ingratorum.

Patent. qu.-fol.

Prorector et senatus academiae Jenensis.

Quemadmodum, gliscente ingrati animi labe, eum fere in locum res
deducta sit, ut nullum, vel exiguum operae quae formandis ad doctrinae
cultum ingeniis impenditur, fructum capiant, qui docendi munere per se
quidem molesto et arduo in academiis funguntur, nemo est, qui non in-
telligat. Sapientissimi quidem legislatores cuiusque potius pudori imme-
moris animi fugam relinquunt, nec ulla lege in ingratos, qui beneficentiae,
in se collatae, deponunt memoriam, animadvertunt, licet multo leviora,
eaque minus crebra, delicta nimis severe ab illis vindicentur. Quotus-
quisque vero in hac saeculi licentia pudoris aut religionis sensu magno-
pere commovetur, ut grati animi pietatem praeceptoribus praestet, et
suum cuique tribuat? Unde eo prolapsa est complurium impudentia, ut
laudi sibi ducant exiguo doctrinae praemio praeceptores defraudare; quo
fit, ut sanctum justitiae nomen indignissime violetur, et litterarum doctores
pro meritis laborum praemiis gravissimis damnis adficiantur. Quorum
molestiae ut aliqua ex parte minuerentur, summo studio a Senatu academico provisum est, siquidem publicato superiori anno edicto ingrati
animi crimini, ne latius in perniciem aliorum serpat, gravissimae animad-
versiones constitutae sunt. Ex praescripto hujus legis edita sunt in tabulis
publicis nomina illorum, qui grati animi officio neglecto, praemium pro
recitationibus praeceptoribus debitum non exhibuerunt iisque relegationis
poena, nisi intra praefinitum tempus nomina expunxerint, debitumque ju-
dici honorarium persolverint proposita. Qua quidem comminatione tametsi
ad meliorem mentem nonnulli se adduci passi sunt, qui culpam, solutis
postea didactris, veluti emendarunt, ut sibi suaeque existimationi consulerent:
tamen in reliquos, apud quos neque honestatis ratio, neque admonitio

nostra quidquam valuit, justi rigoris exempla ea, qua par est, severitate statuere debemus, quo saltim alii a fraudandi libidine in posterum deterreantur. Qua propter vos,

Jo. Samuel Arnold, Varisce

. . . . . .

[Im Ganzen 65 Namen]

quod grati animi officium, legitima mercede praeceptoribus negata, turpiter neglexistis, nec publica admoniti voce intra praefinitum tempus nominibus vestris vos exsolvistis, publice scriptura hac, typis mandata, et in patriam cujusque perferenda ingrati animi nota adficiendos duximus, ut ubique, si lubet, de hac turpitudine gloriari queatis.

Vestrum est, cives optimi, exempla haec perpetuo intueri, ut grati animi pietatem, quae multiplex honesti decus obtinet, cum reliquarum, quae ordinem vestrum ornant, virtutum laude conjungatis, eoque memoratum animadversionis genus, quod tristem serae poenitentiae sensum vobis injiciat, antevertatis. P. P. sub acad. sig. d. 11. Julii ann. MDCC XXXXV.

Academischer Verlag München.

In unserem Verlag ist erschienen:

Die Universität Berlin. Frankfurts alma mater Joachimica und die Friedrich-Wilhelms-Universität zu Berlin von Oskar Sohwebel.
Mit zahlr. Illustrationen. 92 S. in gr. 4°-Format. Preis brosch. 3 M.

Inhalt: I. Die Vorläuferin der Hoohschule Berlin. II. Das wissensohaftl. Leben Berlins vor der Begründung der Universität. III. Die Gründung der Universität Berlin. IV. Die Universität Berlin während der Freiheitskriege. V. Die Berliner Hoohschule in den Tagen Friedrioh Wilhelms III. VI. Die Berliner Hoohschule unter König Friedrioh Wilhelm IV. 1840—1858. VII. Die Universität Berlin in der Neuzeit. 1858—1890.

Der mitten aus seiner fruchtbaren schriftstellerischen Thätigkeit durch den Tod herausgerissene Geschichtsschreiber der Mark Brandenburg hat sich in dieser **Geschichte der Universität Berlin** ein Denkmal geschaffen, welches für jeden Studierenden der Reichshauptstadt eine wertvolle Erinnerung an seine Alma mater bilden wird.

Geschichte der Universität Leipzig. Von Dr. Moritz Brasoh.
Mit zahlr. Illustrationen. 68 S. in gr. Quartformat. Broschiert 2 M.

Inhalt: I. Die Leipziger Universität im 15. und 16. Jahrhundert. II. Die Leipziger Universität im 17. und 18. Jahrhundert. III. Die Leipziger Universität im 19. Jahrhundert und in der Gegenwart.

1. Die theologische Fakultät. 2. Die juristische Fakultät. 3. Die medizinische Fakultät. 4. Die philosophische Fakultät. 5. Zur Leipziger Universität gehörende akad. Institute. 6. Die Stipendien und Beneficien der Leipziger Universität. 7. Studentische Verbindungen an der Universität Leipzig. 8. Schluss.

Der leider so früh dahingeschiedene Philosoph und Schriftsteller Moritz Brasch hat in diesem Buch einen ebenso angenehm stilisierten als wissenschaftlich hervorragenden **Abriss der Geschichte der Universität Leipzig** geschrieben, welcher von keinem ähnlichen Werke bisher übertroffen wurde. Speciell für den Studenten geschrieben, eignet sich das kleine und billige Werk ganz besonders zur gegenseitigen Dedication.

Die Ludwig-Maximilians-Universität zu Ingolstadt, Landshut und München in Vergangenheit und Gegenwart von Prof. Dr. Max Haushofer.
Mit zahlr. Illustrationen. 75 S. in gr. Quartformat. Broschiert 2 M.

Inhalt: I. Gesohiohte der Universität während ihres Aufenthaltes zu Ingolstadt und Landshut. Von 1472 bis 1826. II. Gesohiohte der Universität seit der Uebersiedelung naoh Münohen.

1. Allgemeine Universitätsangelegenheiten. 2. Die theologische Fakultät. 3. Die Juristen-Fakultät. 4. Die staatswirtschaftliche Fakultät. 5. Die medizinische Fakultät. 6. Die philosophische Fakultät.

III. Die Universität in der Gegenwart.

1. München als Universitätsstadt. 2. Die Universität und ihr Zubehör. 3. Andere wissenschaftliche Institute und Sammlungen. 4. Gelehrte Vereine und Gesellschaften. 5. Academischer Geist und Brauch. 6. Der Münchener Student als Weltbürger. 7. Studentische Freuden.

Max Haushofer, Professor an der Technischen Hochschule zu München, der geistreiche Schriftsteller und Dichter, hat hier in leichtfasslicher, anmutiger Form eine **Geschichte der altehrwürdigen Universität München** mit ihren wechselvollen Schicksalen geschrieben, welche für die akademische Jugend das ist, was des Philosophen Prantl streng historisches Werk über dieselbe Materie für die Wissenschaft. — Kein Student der Universität München sollte versäumen, dieses hervorragende Werk Haushofers als Andenken mit in die Heimat zu nehmen.

===== Zu beziehen durch jede Buchhandlung. =====

Lightning Source UK Ltd.
Milton Keynes UK
UKHW020040260219

337881UK00006B/213/P

9 780265 687901